高情商交际学

掌控在交际中的主导权

张超　著

中国友谊出版公司

目 录

第二章

聚合赋能：深度社交才有力

第三章 对抗与平衡：以万变应千变

前　言

写书至今已逾十年，在这期间，我不断地观察与思考：生活中，到底是什么在改变和决定一个人的命运？也不断地反思：我曾经向这个世界输出的道理在当下是否还适用？我所遵循的原则是否还能够起到作用？

现在来看，我依然相信自己的观点：一个人与社会沟通和互动的方式就是他本身，你与什么样的人交往，以什么样的方式与人交流，都是你看待自己与成就自己的方式。

很多人说：现在互联网这么发达，人与人的沟通变得简单了，我们还需要学习怎样与人打交道吗？

互联网改变了什么？在我看来，改变的是生活方式，无法改变的是人内心的渴望、欲望和希望。

《蜥蜴脑法则》这本书分享了唐纳德·E. 布朗所研究的人类的共通性：布朗在研究了所有的社会、所有的文明、所有的语言之后，列出了一些普遍性的人类行为。通过考察这些人类行为，我们能发现人类的共同愿望。这些愿望主要包括：

被认为优于他人。

被认为身体和打扮都很有吸引力。

预测未来。

为未来做安排和准备。

回报他人。

体会他人的感受。

拥有他人拥有的东西。

表达言语之外的信息。

偶尔想误导他人。

理解他人的行为。

我们会发现，无论信息文明多么发达，似乎都没有干扰到上述的共同愿望。甚至有的情况下，上述的愿望在生活中是被加强了，而不是被削弱了。

未来，社会的发展将包含越来越多的人工智能因素，这一点是毋庸置疑的，那么人类的分工协作会出现什么样的特征？简单、重复的劳动将被迅速替代，想要不变成“无用的人”，我们应该提高脑力劳动的能力。机械、简单的服务行业也能够被替代，我们想要拥有终极竞争力，就需要有电脑并不拥有的高情商。

无论是复杂的脑力劳动还是更高级的服务方式，真正的高情商沟通力所起的作用都非常重要。它绝不仅仅是锦上添花，更是安身立命的一种方式。

人与人之间的交往越来越成为人的核心竞争力，如同人工智能在未来可以取代大量人的手工工作，却无法真正领会人的情绪一样。

举个简单的例子，人和人的感觉是微妙的，人工智能却不懂得这种微妙。当你找一位刚认识不久的朋友帮忙，他说了一句“我考虑考虑”。对“我考虑考虑”的分析和解释，它缠绕和编织了多少层意思，人工智能是分析不出来的。

但是，人脑会有自己的算法，也因此会有自己的应对方式。

比如，还是上面这个情况，你的大脑可能会进行三重信息加工。

第一，一个你刚认识不久的人，面对你的请求，并没有直接回绝你，其中利好的信息是没有直接拒绝就是一个机会，此人拥有一定的决策能力与周旋能力。

第二，此人不是“逢人必拍胸脯者”。这传达了一种可靠的信息，因为基本上大包大揽、轻易承诺的人八成都办不了真正的事情。

第三，注意调整后期策略，要去思考对方还在考虑的关键点是什么：是不是你的方案本身并没有满足他最重要的需求？是否需要在三天后，从另一个理由再次“进攻”？

从第一点到第三点，从想法到判断，从判断力到执行力，这都是一个人拥有社交能力的体现。这样的能力需要锻炼、学习、思考和再次试验，才能有所体会。

我将自己所有体会到的都写进《高情商交际学》。在写作《高情商交际学》时，那些自己曾经通过反复验证，某些道理和做法“加强版”的案例被再次写进本书。还有那些能够带着一个人快速向上的新思想与新知，也在这本书中有所体现。

关于本书的写作结构，我严格遵从工具书的规律，围绕高情商交际学，如同层层助推的“三级火箭”的原理进行写作：第一步是在价值交换的基础上，将陌生人变成熟悉的人；第二步是将深度交往的能力研发成一种可复制的社交模式；第三步是在关键点上用正确的方式磨合，实现共赢，完成人生事业。

这样，一个人在社交媒体上拥有的关注者的数目和他的职位都不重要。重要的是，我们已经开始用一种管理的方式来让关系变得更加健康和流动。

毕竟，高情商的交际会为你带来宝贵的资源，帮助你的人会越来越多。而且，“人”的资源与其他资源最大的不同在于，它更加鲜活。当你用它需要的方式来喂养它、关心它，给它提供活力，它一定会成长。

在《第五项修炼》这本书里，作者彼得·圣吉曾经写道：“学习型组织之所以可能，是因为在内心深处我们都是学习者。婴儿不需要人教就知道怎么学习。实际上，婴儿不需要人教任何东西，他们天生就是好奇的、优秀的学习者——学走路、说话，以及基本独立地照料自己——管好自己的事。学习型组织之所以可能，是因为我们不仅有学习的天性，而且热爱学习。”

对高情商交际学的学习，你我都在路上。

最后，感谢你的阅读。这是一个再创造的过程，这种学习和成长一定会让我们双方都拥有自己未曾想象过的力量。

第一章

陌生接触力：陌生→熟悉→信任

把积极带入真实的交往

人的发展如同宇宙中的天体，自传靠自己的努力来完成，公转靠的是和社会的关系。我见过不少人都仇恨社交关系，但是这种消极的心态，让他们在现实面前，只会更加沮丧。正如大雨过后，有人抬头看天，看到的是碧空如洗；有人低头看地，看到的是满路泥泞、道路艰难。

在人与人的沟通和交往中，我们没有必要将一切关系庸俗化，认为这个社会有多么功利。其实不是对方功利，有时候仅仅是我们自己不够努力。毕竟，社会资源和能量是有限的，每个人都得做出选择。如果你不够积极，别人一定有理由放弃一个不重视自己的人。

所以，你是恨恨地骂现实，感受走到哪里都“人生地不熟”的阻力，还是享受走到各地都有朋友、有人帮的感觉？

这靠的是一念之转，靠的是你可以把积极带入真实的交往中的能力。

人的发展是需要一个网托住来发展的，而不是仅仅靠自己完成单点突破。

这和生活所需要的全面性有关，守财奴有钱，但是他不能实现社会价值，社会财富并不完全等于社会价值。一个人的价值就是为别人增加价值，也为自己增加价值，在价值交换中确立自己的位置。

我大学毕业后的第一份工作是做一个企业家的秘书。秘书和助理的工作是不同的，秘书基本上是要做好一个上通下达的服务者的角色。

但是，后来我名为秘书，实为助理。我能够协助老板进行工作，也从来没有滥用过他的信任。

从社交的角度来看，我认为当时的工作和其他秘书有所不同的一点是，我非常留意老板的行业活动，而广泛的社交就是20年前的我在行动中隐隐觉得那是很重要的关键点。

由于工作的原因，我会接触很多企业家。当时的我作为老板的秘书，不可能去主动结交那些企业家，但是我比较注意去和与老板接触的那些企业家的秘书保持很好的联系。也就是说，我去接触我最容易接触到的人，从他们身上学习和接收信息。

他们一般不太主动和我交流，但我会主动留下联系方式，很积极地与他们交流，并表达自己的想法和诉求。我建了一个秘书圈，当时还能准确地背下所有人的手机号码。在工作中，我得到过自己所建立的这个“秘书圈”很多重要的帮助，也让我的老板从中有所获益。

提这段经历，我并不是炫耀自己，而是想说，积极的心态创造积极的行动，唯有积极的行为才能创造积极的结果。

对那时的我来说，维护和很多朋友的交往是需要花时间的，所以我平时努力做工作，周末就联系大家聚一聚。因为我是发动者，所以找地方、问时间、挨个跟每个人联系都是我的事情。虽然烦琐，但我不以为苦，我知道友情是要靠交流和时间来增强的。

我那时还知道一位非常著名的律师，他的业务能力非常强。每每遇到案件，他总是能把最关键的点找出来：当别人停留在表象的时候，他已经挖掘到了最深的层次；当别人还在想第一步怎么办的时候，他早已找到了往后走的三步路。

但是，他最早的时候是怎么给自己做业务，让别人信任他，给他机会来打官司的呢？

很长一段时间，他从来没有在自己家里吃过饭。无论是谁找他吃饭，还是哪些朋友聚会，他只要判断到场的人人品正派，活动可靠，不是违法乱纪的聚餐活动，基本上能做到全部参加！和他一起吃过饭、聊过天的人，都很高兴自己认识了一位律师。而当大家真的有需求的时候，第一时间就会想到他。

况且，凡是来参加活动、积极投入交往的人，往往是人群中的亮点。哪怕是那些很内向、很安静的人，当他们有法律问题需要咨询和专业帮助的时候，往往请教和询问的就是这批积极分子。当越来越多的积极分子向别人介绍这位律师，让他名气越来越大的时候，他的专业能力和影响力叠加起来，就使他成为一个呈指数型增长的案例。

我还有一个朋友，是一位设计师。他的业务能力很强，但是就是缺乏业务意识。以前，我总劝他多出去活动，但他总以自己性格内向等理由敷衍和推托。

后来，在我的强行要求下，他加入了一个俱乐部。不出一个月，他告诉我，他接了一个企业 logo 设计的业务，这单笔收入涵盖了他整个月的工作收入。

所以，每个人在时间面前都是平等的。你可以把时间用在抱怨自己没有出生在一个富贵的家庭上，也可以把时间用在抱怨周围没有什么“贵人”上。当然，你更可以把时间用在努力让自己掌控一些什么上。

有这样一个故事。有一位地毯商，无意间发现他最漂亮的一块地毯的中央鼓起了一个包。为了弄平地毯，他就用脚去踩那个包。虽然这个包踩平了，但是地毯别的地方又鼓起了一个包。于是，他又去踩，包暂时没有了，然而过一会儿，包又在别的地方出现了。他一次次地踩踏，直到最后他掀起地毯的一角，发现一条蛇摇晃着身体爬了出来。

我们在生活中，总是回避真正的问题。其实，很多时候，真正的问题是缺乏积极的心态，有时就表现为用各种各样的借口来为自己开脱。

比如，有的人很久不联系你了，突然找到你，让你帮他个忙。当然，他可能觉得有点儿不好意思，就用这样的开场白来解释他长期没有联系你的原因："不好意思，今天来找你，我这个人吧，平时就是不会搞关系，所以……"

我们只要认真想一想，就会发现这个借口一点儿都不会让帮忙的人感到高兴。难道平常发个短信问候一声，还需要多会"搞关系"吗？难道平时打个电话问候一声，还需要具备多大的"挟泰山以超北海"的能力吗？

我还听到很多年轻人问："走出去，主动和人交流，就一定有用吗？"我想说："到底有没有用，你得走出去才知道，但我敢肯定的是，你出去跑一天，比你宅在家打游戏要强。"

当然，在我们与他人的交流和接触中，一定会有一些不如意的地方。这时候，积极的心态显得尤为重要。

我曾有一个助理，这个年轻人的工作态度很好，我很满意。有一次，我们一个重要业务合作伙伴的机票被他订错了。他没有找对方可靠的人确认，而是从第三方听到了消息后，就开始行动。我语气严厉地批评了他。

我知道这个第三方的朋友一向是可靠的，唯独这次，第三方的朋友传播的消息有误。我一直等着这个助理，想着他事后来找我聊一聊，我一定会温和、耐心地和他沟通，并和他聊聊商业沟通方面的一些原则和心得。但是，他没有。在后来的工作中，他和我沟通时总显得很有压力，也有点儿怕我。

我想他还不懂得真正的相处之道：积极、主动的交流才能够消除恐惧和猜测。

成功之人的大门是虚掩的

很多人都想与成功人士建立联系。我先强调的一点是，不要盲目轻信接触成功人士就能给自己带来利益。当一个人没有目标的时候，接触成功人士的意义并不大，毕竟生活中的每个机会说到底是你自己创造出来的，而不是一味地靠等待别人的点拨才能得到的。

不过我认为，年轻人有这样的想法是一件好事，毕竟有这样的想法说明他很有上进心。

而且，如果能够想办法去看看一些社会上的成功人士，抛弃功利的想法，仅仅从丰富个人经历的角度来说，这还是一件有益的事情。因为对一个人来说，在大学的时候，如果接触的只是同龄人，进入社会后，要接触的人突然转变成年龄段不同的人，就会有些不知所措。

提前为自己积累经验是一种必要的准备。了解不同人的不同性格、不同需求，对丰富自身是一种很好的体验。

我大学毕业后第一份工作就能给一位大企业家做秘书，我觉得是因为我不“怕”他。而且，在工作中，陪着我的老领导去见各类大人物，我比较从容一些。

这得益于大学期间，我当学生会主席，与人的接触要比其他同学相对多一些。因为学生会要办各种活动，所以当时：我对内，必然要和不同性格的同学打交道；对外，也提前有了一些社交的经验。

当时，很多同学不理解，我要忙学习，又要忙着实习，还要忙学校的活动，到底是为什么。我想，可能是因为一些看不见的收获，在正面激励我把学生会的工作做好。

那么，要打开成功人士的大门，关键点在哪里呢？我想讲一个故事：

从前，有一户人家，家中有个菜园。菜园里有一块大石头，这个大石头看起来很重很重，谁也搬不动。一天，儿子对爸爸说：“爸爸，为什么不把菜园里的那块大石头挖走？”“那块大石头呀，你爷爷那会儿就有了，石头应该很重。”爸爸说。

过了好多年，儿子长大了，变成了爸爸，娶了媳妇，生了个儿子。一天，他媳妇对他说：“亲爱的，我们为什么不把那块大石头挖走？”她丈夫想了想说：“那块大石头，在我小时候就有了。要是能挖走，早就没了。”媳妇听了很不自在，她想：从它旁边走过的人除了跌倒就是擦伤，多碍事呀。

第二天，他媳妇提着桶水拿着铲子想来挖石头。媳妇把桶里的水倒到了石头的周围，用铲子不停地挖着。没想到，大石头很轻松地就被挖出来了。夫妻二人大吃一惊，原来这块石头并不重，而是眼睛骗了人。

我常用这个故事回应一些年轻人问我的问题。大家对如何接触一些社会上的成功人士，普遍存在的担心或者偏见是：成功的人，时间都很宝贵，有什么办法能与他们建立联系呢？

我们被貌似巨大的石头吓住，以为自己无法将其挖去，但是唯有行动才能消除恐惧。当我们真正去做的时候，会发现，困难远比我们想象的要小。在社交中也是如此，有时候，一些我们以为高不可攀的大人物，离我们其实并不遥远，大部分的人都珍惜别人真诚的尊敬和善意。只是我们过于担心，甚至在还没遇到石头之前，就自己在脑海中“建造困难”了。

比如有一次，有个年轻人问我：“当一个人年轻没有什么资本的时候，如何吸引别人的目光？”我问他具体指谁，他说这个问题他还没想好。所以，他问的这个问题本身就是一块假设的大石头。

还有一次，有个年轻人问我，他非常尊敬一位业内的高手，但是对方根本不会在意他，该如何搭建与高手之间的联系？我问他："你已经做了什么，效果怎么样？"他说他在不知道做什么的时候还什么都没有做，我想这个问题本身也是一块假设的大石头。

我们再来看看小程的经历。小程大学时所学的专业与经济相关，快毕业的时候，他想拜访那些中国很著名的、在课堂上听老师说起名字的经济学家。

他想见这些大人物，并不是因为有什么商业目的，只是凭着大学生的热血和天真。他好奇，自己到底可不可以凭借一个大学生的身份见到这些传奇人物，哪怕只是听他们说说话，跟他们聊聊天。

别人取笑他，说："这是不可能的，有的经济学家是谢绝社交的，哪怕再重要的邀约都会被拒绝。"那么，他是怎么做的呢？

小程非常认真，他没有过多地停留在与他人的讨论和想象中，而是做了必要的知识上的了解就出发了。比如，有一位经济学家常居北京，祖籍是南京。小程设计的路线正好是到南京，于是从南京到北京的火车上，他收集了大家的祝福，并让大家将祝福的话写在一个本子上。回到北京之后，他拿着这一份来自企业家老家的问候——来自社会上不同角色的人手写的祝福，送给了这位经济学家。

当时，这位经济学家非常感动，称这是他收到的最好的礼物，并对小程有了非常好的印象。

小程的经历充分证明了成功人士的大门是虚掩的，只要你去做，推开这个门，你可能就会看到不一样的风景。

这个案例还令人感动的是，我们看到小程的努力，没有心机，也没有权谋，更没有对人的算计，看到的只有热诚与行动的力量。

所以，年轻人大可不必觉得自己没有资本，被一些消极的观点影响。只有你相信，成功之人的大门是虚掩的，你才能推开他们的大门。

利用第一面营造感觉

我们会接触很多陌生人，但接触再多，也不意味着我们的资源多。不然，公交车售票员就是朋友最多的人了。

多个朋友多条路，我们需要朋友。在此处，我所提到的朋友，并不是指生活中亲密无间的朋友，而是指在事业上能够支持你的社会资源。有的朋友，你会在当下就知道他是你的帮助者，而有的朋友，是你暂时看不到，但在未来会发挥作用的支持者。

重视他人，为自己创造机会多结交朋友，也是一种竞争力。

比如在一个产品发布会的现场，主办方还没有正式开始活动之前，你与其一个人骄傲地坐在那里孤芳自赏，不如利用这个活动多认识些朋友。大家一般都会互相打招呼，彼此交流一下、留一下联系方式，因为被邀请来的人都是具备一定宣传力度的人。

只不过有的人四处发名片，但是并没有人真正地收藏他的名片。大家离开活动现场时，这张名片可能就被大家随手一丢了。

所以，无论去参加什么样的活动，没必要成为现场“乱飞”的人，但是确定目标，注重陌生人的资源，就一定比别人机会多。那么，到底该怎么做呢？

我们接触陌生人的时候，要营造一种好的感觉，使对方和我们之间从陌生到熟悉，并为以后接触创造机会。

如果初次接触他人的时候多加注意，并真诚地运用以下三条原则，那么，你可能有机会收获一个不错的朋友。

第一，观察比提问重要。

见到陌生人的时候，我们常常会控制不住地向对方提问，因为我们需要收集对方的信息，才能把对方对标到一个合理的心理位置。但是，在和别人互动的时候，如果你连续问出三个问题，对方一定会排斥你。比如，你问对方：“你在哪里工作？”“你们公司在哪里？”“平时，你参加这样的活动多吗？”这三个问题，本身没有任何冒犯性，但只要连续提问，就造成了压迫和审问的感觉。

正确的方法是，和陌生人交流的时候，会观察比会提问更加重要。能在后续再问的问题，就别在第一次见面时问完；能自己观察到的事情，就别在提问中验证。

到底怎样观察和判断一个人？

一、看家庭文化。你看一个人去往哪里，要看他从哪里来。

二、看个人经历。他经历了什么，决定了他如何对待别人。

三、看发展阶段。一个人在事业的上升期、低谷期、膨胀期，都会影响他对你的态度。

小刘在业内是一个有名的金牌助理，当她的老板出国之后，她需要重新选择合作伙伴。很多人都邀请她，在熟人的关系里，她通过了解信息和见面观察，毫不犹豫地选择了李女士，果断放弃了王女士。

小刘见王女士的时候，发现王女士虽然处于创业期，但是因为她是从一个大机构辞职来创业的，而且家庭优渥，很多时候都是家庭的助力帮她弥补自身的不足。她自带的优越感导致她对身边的人态度倨傲，虽然王女士对小刘和颜悦色，但是小刘知道，等确定合作之后，王女士一样会颐指气使地对待自己，并且把这个态度解释为“真性情”。

李女士则是通过自我打拼而得到一切的，她不但珍惜自己的付出，也懂得忍耐。越是没有家庭的助力，她越知道自己该如何发展，并集聚资源。因为李女士真正知道怎么对待别人才能得到别人的帮助，所以，小刘见李女士第一面就确定了要与她合作。

第二，调整你的频率。

接触一个人的时候，你心不在焉或者顾左右而言他，也许你并未察觉，但是你的每一个细节在对方眼中都是放大的。所以，在接触他人之时，严以律己不但是一份对人的尊重，更是必要的自我要求。

只有全心投入关注眼前这个人，你才能把自己的频率调整到和对方一样，才能真正地从眼前人入手，得到你期待的资源。

小张在一个活动中认识了王总。当时，三五个人和王总聚在一起聊天，有人问起了王总的一位好朋友李总的联系方式。李总的公司当时有一笔业务需要合作方，由于李总的口碑和结款速度快，大家都想与李总合作。

王总虽然没有正面回答，但是也给了一定的指导和提醒。小张便认定王总是一个热心、不排斥帮助别人的人，需要做的是取得他的信任。

这群人里只有小张没有提到李总，而是和王总聊了聊他手头正在做的项目，聊了聊自己未来的规划和可能的合作。有意思的是，小张发现李总、王总一起做的一个项目，他也参与其中。于是，王总对小张并不像对其他人那样，给李总一个下属的联系方式，而是在约李总见面的时候直接带着小张一起过去谈业务。

你只有把自己调整到和对方同频率的时候，才能令对方重视和信任你。否则，当对方感受不到你的重视时，你就拿不到好的信息和资源了。

第三，展示你的客观。

因为我们的东方文化使然，我们大多数人都比较含蓄，因此，当与他人接触的时候，不容易表扬和肯定对方。但是，当我们意识到肯定和表扬对方重要的时候，一不留神，对对方的肯定就显得非常刻意了。这种走样的过度赞誉，对方听了也不会舒服。

肯定别人要客观，发现别人的优点，表扬别人做的事情，不要太夸张地套近乎，别把自己显得“轻”了，这样才能让别人和自己都处于自然的状态。

那么，如何客观地赞美别人，或者让对方感觉你是客观的态度，而不是刻意讨好或者有意为之呢？你不妨在与对方接触的时候，把直白的表达感受的话变成提问的方式。

例如，你想夸赞对方戴的手表很高档、有品位，不妨说，我看到某个知名企业家也戴过这款表。当然，前提是不能撒谎。

又或者，你想表扬对方招待你的家宴菜品出众，你不妨直接请教一下海参的发法，就比你一味地说“真好吃、真好吃”，更显真诚。

处理信息是重要竞争力

我们与陌生人接触时，会产生很多新的信息。如果对这些信息进行一定的管理，它们在某一天就有可能转化为资源。而如果不进行管理，随着时间的推移，它们就会再次成为陌生的信息，带给你这些信息的人对你来说仍是陌生人。

名片曾是商务人士重要的社交工具，当下，社交媒体上的信息管理，同样需要我们进行精细化操作。

我们以微信朋友圈为例，检视一下你的朋友圈，你可能会大致感受到自己的价值。

那么，我们如何通过管理来提高自身的竞争力呢？要分析三个问题：

你的朋友圈有多大？

质量有多高？

你能调动朋友圈的多少资源？

这三个问题至关重要。

首先，让我们看一下朋友圈多大最合适。

朋友的数量多少适合，这要因人而异。以微信朋友圈为例，你能控制多少人数是你的本事。在数量上，如果你有本事搞定 5000 人，自然是你能力超群。可是，你有本事搞定 10 个重要的关系，并维护好，这也未尝不是你的策略。

我的建议是，微信朋友圈看起来可以使我们积聚成百上千的朋友，但它作为一个产品，终究是无法超越一些人际关系本身的传统特性的。例如，见面三分情：人与人之间只有在线下交流过，才能确定对方是否可靠。

与微信朋友圈不同，我们真正的线下互动朋友圈极小。这不仅受技术限制，也受人性限制。所以，我个人建议朋友圈里朋友的数量不要超过 150 个。

牛津大学教授罗宾·邓巴提出了“邓巴数字”，大意是：我们的社交圈与十几万年前没什么区别，个体能够认识、信任，并在情感上依赖的人不会超过 150 个；之所以是 150 个，是因为人的大脑容量有限，无法承载更多。据说十年前，邓巴开始研究英国人寄圣诞贺卡的习惯。用寄贺卡来衡量人们的社交关系，是因为送卡片是一种投资：你必须知道邮寄地址，去买卡，得写上几句、买邮票，然后寄出去。大多数人都不会愿意为无足轻重的人这样费心费力。结果，最主要的发现是这样一个数字：以一个人寄出的全部卡片为例，所有收到贺卡的家庭的人口总和平均为 153.5 人，也就是 150 人左右。

其次，朋友圈的质量有多高？

这是个看似无法量化的问题，但我们依然可以通过科学的方法来检查自己的朋友圈。例如，定期检查你的朋友圈，做删除、更新、添加。一个星期，一个月，三个月，六个月……都可以是你检查的频率。

对自己的朋友圈进行审视还能够发现自己的问题。比如，你备注在事业线的客户的数量在一个星期内没有增加，你就要提醒自己下星期关注一些行业活动了。如果一个月都没有增加，那么无论你手头的工作有多忙，都要赶紧主动参加一些聚会了。如果不小心三个月都没有增加，你必须采取紧急措施，立即发起活动，安排组局。

再比如，你备注在生活线的朋友的数量在三个月都没有删减，这不能证明你的朋友圈的质量高或者是你和朋友的关系很稳定。相反，你要审视自己是否到了该认识新朋友的时候。

最后，你能调动朋友圈的多少资源？

这个问题与第二个问题相关。小宋的朋友圈中，生活线上的朋友很稳定，基本上都是大学同学。他把他们当作最重要的朋友，数年没有更新、替换和变动。可是，这里面的人真的是他可调动的资源吗?

小宋需要一笔资金周转的时候，自然要求助朋友圈的人。于是，他向同学小李求助。小李表示，自己的家庭在炒股，赔了不少钱，自己很难。

可是没过几天，一个偶然的机会，小宋和同学小王聚会。小王聊起近期小李在微信发了很多“炫富的日常生活照”，奇怪的是小宋没有看到。他这才发现，小李利用微信“不给谁看”这个功能，单独屏蔽了自己。小宋这时明白了一切：小李在心理上已经把自己从朋友圈里开除了。

很多人把日常维护朋友圈看作一件麻烦事，并用一些借口让自己继续懒惰，例如小宋就是这样想的：小李是我的真朋友，所谓“真朋友”就是平时不怎么联系，一旦有需要的时候，他一定会帮自己!

其实，别人没有义务一直相信和支持一个渐行渐远的人。如果你不利用朋友圈的功能与朋友保持有节奏的互动，让对方了解你、信任你，纵使对方在你的朋友圈里占据核心位置，可是你在对方那里已经不是了。对方当然会防备你随时有可能提出来的要求，尤其是小宋总在朋友圈发一些“钱不够花”的抱怨和感叹！

大学的感情是纯洁、难忘的，但是不能对其太执着。原来以为会做一辈子的好朋友，只是原来是这样。既然人在变化与流动，朋友圈就必须保持相应积极的改变。

我们不能苛求别人永远单纯不变，毕竟，我们自己也在变化中，不是吗？

对于年轻人来说，非但不能排斥这样的变化，反而要主动迎接变化。

40 年前的人们，可能一生只认识固定的一批人。而现在，人员流动性大，我们可能与最亲近的朋友失去联系。人与人只要缺少面对面的交流，亲密程度每年就会以 15% 的速度降低。可是，我们也看到了新的风景、新的人。在你新认识的、能够面对面的人中，你有多强的能力增加亲密感？把他变成朋友是你要做的事。

朋友圈的加加减减是必然的。虽然社交网络号称能解决这个问题，使我们想跟多少人对话就跟多少人对话，但是无论社会怎样变化，一个人只能和数量非常有限的朋友保持互动。亲密关系需要的情感和心理投资相当大，而我们拥有的情感资本和时间资本一定是有限的。

我们要担心的不是技术上增加多少人的问题，而是如何与有限的人进行高质量的互动。

互联网产品是层出不穷的，即便是微信这样的超级 APP，将来依然有可能被新的产品所取代，而信息管理的能力则是伴随我们生活的重要财富。

给每个名字一个合适的位置

你是谁，才能成为谁；你想把自己塑造成谁，你在别人心中才是谁。

你不经营现在的你，别人怎么知道现在的你是谁？尤其对于微信朋友圈来说，如果你保持每一天发一次内容的频率，那别人就会以这一个星期的内容来评判你的为人了。

一个人必须对自己有要求，才能要求别人。

对于当代人来说，管理自己的形象，管理自己的手机，管理自己的情绪，都应该像早起刷牙一样自然。如果一个人的手机中，微信朋友圈的人数不少，但是缺乏有效的管理，就一定会让本来可以发挥巨大作用的朋友圈变得形同虚设。

我们可以整理自己手机中杂乱的微信通信录，认真地思考，然后花一点儿时间研究你的手机（因为安卓和苹果系统对细节设计不同），你要根据自己手机的特点对朋友圈的人进行备注。当然，如果你足够熟练，还可以按照自己的备注方式进行特别标注。

这样做的目的，就是让所有朋友进入一个手机的活力排序中。这样，平时你就不会特别随意，突然看到谁发了内容，就热情地点赞、评论、交流，又突然因为刷不出他的内容，导致将此人置于脑后，两人的关系慢慢冷淡，甚至彼此遗忘。

按照不同的排序与朋友们进行有效互动，必然不会导致对方认知与自我认知不一致。

要知道，让你在乎的人知道你有多在乎他，让你感觉重要的客户知道他在你心中有多重要，让有可能帮助你的人真的了解你，因此在未来能够帮到你……你的朋友圈将价值百万。

设计朋友圈就是在设计你当下的生活。大部分人的朋友圈都分为两条线，这样便于掌控关系。

一类是生活线，一类是事业线。

把哪条线列在首位，要看你近期对生活的设计。这将让你最节约自己的心力，去安排你的生活。

例如，对你来说，你的亲戚重要还是客户重要？

一般人都会说，当然，亲戚比客户重要，亲戚会陪伴自己一辈子，客户只是当下的重要关系。可我并不这么看，这要看你近阶段的规划。

如果对你来说，近阶段的重要规划是冲刺事业，那么，陪伴客户和去机场接亲戚这两件事在同一时间内发生，你该做哪一件？

建议你选择去陪伴客户，增加自己的业务量。

而且，不必对亲戚怀着愧疚感。当你发展得更好的时候，你对亲戚的价值将比去机场接他更大！

所以，朋友圈中不同人的位置和你与不同人互动的频率，不但体现了你的价值观，还体现了你现阶段的重要任务。那么，当你的生活线和事业线定好之后，按照什么原则把你认识的所有人排序呢？

第一考虑是按照亲密关系进行整理，并入生活线。先考虑和自己最近的人，没有关系的人不作为第一考虑。例如，在生活线中的人可以包括：亲人，合作伙伴，老师，朋友，兄弟姐妹，帮助过自己的人。

这里的排序可以根据个人情况灵活安排，例如，如果你现在正在上大学，老师是大学生能掌控和接触到的第一个社会重要资源。他们对你人生价值观的开启和你的生活都有着重要的影响，所以要把他们暂时排在兄弟姐妹前面。

第二考虑是根据对你的帮助大小进行整理，并入事业线。能给你事业带来帮助、能支持你的人，比看起来厉害，但对你却不起任何作用的人重要多了。

例如，事业线上的人包括：投资方，下属，老板，重要客户，潜在客户，合作方，供应商。

第三考虑是重点圈子，并入事业线。这里有你参加各类圈子和聚会认识的关系不强、半陌生的人，按照此人的行业、能力、财力、品格进行排序。

要注意的是，如果你是做互联网产品研发的人员，可是这里出现了一个卖名牌手表的朋友，你不要想当然地以为这个人对你毫无价值。例如，你想了解高端人群的消费习惯，对方也许有第一手资料。因为此部分人大多是半陌生人，所以每个人名都要深入思考之后再来判断放在哪个位置。

线上摸规律，线下要高效

如果在同一个行业待了三年以上，你要换工作，可能不会通过招聘网站，而是通过熟人介绍，因为你不自觉地已经进入了一个圈子。同样地，朋友圈也能形成不同的圈子。一个处于事业上升期或者攀爬期的人会主动参与或是组建圈子，因为朋友圈的人必须发生线上线下的互动，以此来推近与他人的关系。

人们渴望与他人互动，体现自己的影响力，但不得不承认，现实生活中的大部分人都非常被动，不愿意与别人互动。正如这样一句话所言："世界上有一半的人，手持鲜花在等待；世界上另一半的人，在等待那鲜花。"

你自己不动，朋友圈就僵化了。我们应该在线上观察对方，摸索他们的做事规律，然后决定如何与其互动。我们可以这样做：

一、在朋友圈发一些大众谈论的话题以外的内容。

想想我们自己为什么要看朋友圈？我们想要在碎片化的时间里，

最快地获取想要的信息，朋友圈是我们对某个人产生黏性的重要依据。如果大家都在发所有人都知道的事情（例如“明星 ×× 被爆料出轨”），我们会觉得这个内容只需要接收一条，而有个人只会发这样的内容，那么他发的大部分内容就是垃圾信息了。

二、推荐适合的内容给合适的人。

朋友圈可以做标签区别，比如我们发现一个朋友总是转发一些别人的东西，内容全是心灵鸡汤，你可以封他为“鸡汤王”。那有关于心灵鸡汤的内容，你也可以推荐给他。

三、在合适的时间发出你的消息。

观察你的重要客户。如果他更新微信朋友圈的时间总是固定在某一个时间，你就可以在这个时间成为第一个为他点赞或是与他互动的人。

四、给不同行业的人送去不同的问候。

五、注意把握尺度，尽量不要发有“教育别人”感觉的内容。

六、生活中的搞笑场景，会成为你微信内容中的亮点。

……

线上活动如此，而线下活动要掌握一个重要的原则——高效。

我们现在去约见一个人的时间成本越来越高，所以，朋友圈的人要在私下相聚，一定要高效。下面有几个“约见”高效的方法：

一、大城市的交通成本特别高，如果你下午去一个地方，和一个人只谈一小时，那么不妨在此地同时再约见另两拨朋友。出门一趟，就可以搞定多件事情。

二、标注好朋友圈中朋友们的行业和属性。如果你去上海，不但要能迅速找到上海的朋友，还要能迅速找到上海某一个行业的朋友，最好还能细分到立即找到这个行业中的总经理助理这一类朋友。

三、和你线下能有互动的关系无非是玩乐关系与利益关系，那么，能否从玩乐渗透到利益，也考验你的交际能力。例如，你约客户打高尔夫球，慢慢让他对你的好感从玩乐渗透到合作中。

以上是一些基本的方法，但是任何方法背后都应该是一种自我管理。尤其对于年轻人来说，无论你的专业能力有多强，在信用方面的自我管理都不可忽视。

我不止一次看到我助理的同事在看同一本书，我翻开这本书，看到了这样一个案例：

一天晚上，我在公司加班开会的时候收到一条短信，是朋友小 S 需要找某电商的渠道负责人，让我帮忙问一下。我当时想了想，好像朋友 N 在那个公司，便回复“好的，我问问”，就继续工作了。

忙完手头的工作后，我就联系朋友 N 询问情况。结果，得知他已经离职了。尽管如此，人家还是承诺帮我联系他的前同事问问，只是要过一天才能给答复。

我再问的时候，朋友 N 说确实没有人认识那边的负责人。我又问了几个可能有这方面资源的朋友，结果第四天，他们都回复我说不认识。

我只好给小 S 回复短信说："不好意思，我答应帮你问的人没问到。但是，我有位朋友有另一个电商的渠道资源，不知道你是否需要。如果需要，我帮你再联系。"

我发完短信没多久，就接到了小 S 的电话。他说他群发了几百条短信，我是唯一过了这么久仍然在帮他关心这件事情的人！

这本书的作者叫成甲。作为青年才俊，他分享的这个案例让我们从侧面了解到一个年轻人想要快速崛起，需要的到底是什么。

我看到的是，除了专业的能力，还需要是"几百个人中独特的一个"——能够做到别人做不到的自我管理。

成甲是在提醒大家，不要过于孤立地看待线上和线下交际模式的不同。因为线上和线下只是形式的不同，本质是相同的：你都要是一个有自我管理能力的高价值的人。

具备了这个本质，你完全可以在线上积极联系你想联系的人，线下用积极的行动来有力回应。这样，你和对方就能够互为加强，你的社交能力也会越来越强。

内向性格≠消极应对

我们在线下（也就是真实生活中）与人打交道的过程中，不必改变自己的性格，却有必要清楚地认知自己的性格优势，把优势发挥出来。

有这样一个寓言故事：一个画家很希望自己能画一幅被所有人喜爱的画，他先很认真地画好一幅画，然后把这幅画放到了大街上，并在画的旁边放上一支笔和一张纸。纸上写着：请你在认为不完美的地方做个记号。

等到画家去取画的时候，他惊呆了，自己的画被标满了记号。可是，他想了想，觉得再不好的画也不至于如此一无是处吧？于是，他重新临摹了同样的一幅画，放到大街上，在画的旁边依旧放上一支笔和一张纸。纸上写着：请你在认为最满意的地方做个记号。

画家取画的时候，再次惊呆了，因为画上又标满了记号。原来，有些人不满意的地方，正是一些人满意的地方。

内向的人不要让内向成为自己的借口，内向也可以是你的优势，不要自卑，认为自己人微言轻。你实践过，你努力过，你准备好，你和别人说话的时候，你的语言优势就是存在的，你的语言就是有力的，你的话就会传到对方心中。

当然，内向的人和外向的人在社交策略上，还是有一定区别的。对于内向的人来说，社交是一件有压力的事情。越是如此，越应该精减社交的数量，提高质量。精减数量对内向的人是一种保护和调整，内向的人享受独处的时光。实际上，把自己的生活中塞满了交际的人，容易泯灭自身性格中的闪光之处。

如果内向的人能学会在少的时间内关注少的人，提高交际的质量，就会得到更好的资源。况且，我一直强调，交往的人太多，不见得一定是好事。不是你接触的所有人，你都会和他们发展成比较稳定的社会关系。如果你把每个接触的人都记住，都发展成稳定、密切的人际关系，你会觉得特别辛苦——身心俱疲。

接触一个人的时候，如果那时候你很需要帮忙，或者他给你的感觉很好，才可以继续保持一些联系。逢人就交往、套近乎，这恰恰是不成熟的表现，因为没有考虑别人是否有交往的需要。

交往意味着你要占用别人的时间。当然，别人也要占用你的时间。你需要用时间来接触他、了解他，还要用很多时间来体味你们这段时间的交往。所以，你要精简数量、提高质量，因为你分享的是自己的生命。

不必东奔西走地交际，而是要找准精确目标。

当找准目标，参加目的性强的活动时，你要学会全力以赴。还要加深这种交往，让关系变得坚固、紧密、可靠。

最后，还要注意的是包容活跃的人，即使是那些与自己性格完全不同的人，不能共事并不意味着不能彼此欣赏。

总之，无论你是什么样的性格，人们都会适应并接受，人们不能接受的是不好的态度。

无论性格如何，与一个人谈话的时候，你对他的态度是冷淡还是欣赏，这一点对方是能够感受到的。

如果你内心不重视、心不在焉，你的沉默寡言就会被看成是一种蔑视。当然，如果你认真倾听，只是性格内向、不善表达，对方也会从你的眼中读出欣赏。

我就是因为曾被人误会过，才有了这样的感悟。

我一向就是个话不多的人。有一次，我参加一个会议，由于会议前我花了大量时间赶一个项目，开会时，我深深地感到自己体力不支。所以，开会的时候，我没有发言，还是和以前一样话少。我装作倾听的样子，其实来参加这个会的确有些力不从心。

事后我才知道，有人对我的态度有些不满意。这令当时的我很吃惊，我竟然还以为对方不会察觉到我的心不在焉。

我漫不经心的态度令发言的人感觉很不舒服，所幸我平时口碑还不错，有人帮我，这才没有引发对方对我的太强抵触。

后来，我就告诫自己，无论什么情况下，都尽量不要去敷衍别人。当你不能保证用很好的状态倾听对方发言的时候，就向对方老老实实地解释，不要取巧。

如果你处于对方的注视下，至少要保证你的思想也同时在场。

恰到好处地经营你的形象

一个人想要有一定的影响力，就要建立人群关系。

在这个过程中，你需要有自己的个人魅力。这种个人魅力一经释放，会给人一种震慑力。

在此，我分享三位公众人物的故事。

第一位是知名主持人。他面对舞台鞠躬的幅度，既不夸张，又不显敷衍。这是一种真正的、恰到好处的绅士品格。仅仅这一个鞠躬的姿势，就足以让台下太多人为之赞叹。我想说的是，姑且不管这种鞠躬的姿势是不是他百般尝试练习出来的，毋庸置疑的一点是，鞠躬这件事一定是他所注意和在乎的。

第二位是一名女艺人，她是很多人的“女神”。近距离地接触她时，我发现：她在荧幕上的美，是一种她自己的完美角度。她在演电视剧里的角色时，能够在表现角色的基础上，把自己最美的一面给放大。她知道自己哪一个表情是最美的，她知道一举手一投足怎样才是优雅的。这是她对自己形象的一种专业态度。

第三位是一位知名男歌手，他是影视和流行音乐领域的常青树。有一个很有代表性的事件是，他早年与媒体接触时，当上百个镜头对着他的时候，他一一对着镜头看过去，这样能够保证每个摄影记者都清晰地拍到他的最佳形象。这是一种重视自己的表现。这样的自我要求无疑是很严格的，但唯有如此，个人的形象才能禁得起闪光灯的追赶。

对于我们大部分人来说，如果也能稍微注意一下自己的仪态，并且关注一下自己说出去的话，以及自己的某一个行为在人群中的影响，其实达到的效果是非凡的。你会发现很明显地，别人对你的态度变化了，那就是从你自我要求的那一刻开始起的变化。

即便我们不要求自己行走、坐、卧一切皆得宜，至少也要注意以下两个方面的平衡。

一方面是要树立自己的形象，向大家传达出一个很好的信号。这样的信号往往是一些坚强的、刚性的符号，这些符号会让你具备一种威力。

例如，当你在戒烟时，别人都知道。大家觉得这一定很不好受，很多人可能就会和你聊“不好受吧”。如果你说“没事，一点儿感觉都没有”，那就显得很假。

但是，如果你说：“太难受了，这个滋味简直就不可忍受……”

你传达给对方的信息，就显得你比较软弱。

其实无论你说什么，对方都知道戒烟的滋味是不好受的。你不妨说："是不好受，但还是可以忍受的。"这样的态度，会让你在别人的印象里加分。

另一方面，威力不等于没有人情味。常常看到一些人自以为自己很有威力。比如，有一些领导见到人的时候，头抬得特别高。与别人沟通的时候，他们从来不看别人的眼睛，这样的态度是非常不好的。

有些人觉得自己权力大，以为别人走路绕着他走，是怕他。其实不是，大家只是烦他而已。

有一次，我接触到一个年轻人。他说自己常常遭人妒忌，我就问他具体是哪一方面被人妒忌。他说因为自己具有良好的逻辑思考能力，而很多人是没有这种能力的，所以会妒忌他。就在我还在迟疑，没有想清楚的时候，他接着说："我向来是一个辩论高手，我看问题很深刻。别人和我辩论，我很容易找出他思维里的漏洞，抓住这个问题一追到底。有一次，我和一个同事谈论我们领导的一个方案。我至少说了三个方面，指出这个方案不可能实施的漏洞在哪里……"

在这里，我不得不说，有的时候，战胜别人，你就输了。

一个真正有大智慧的人，并不是一定要赢别人，而是在能赢的时候，放别人一马。这样做既点到了问题，引导别人改进，又能柔和地引导，把发现错误的机会留给对方。

样样会，样样有机会

一个人的能力是多方面的，学历、经历、魅力，三力缺一不可。

学历至少可以代表一个人的学习能力，经历是一个人的财富，魅力是我们八小时之外，为自己做了些什么。现在，人们即便工作再忙碌，也会拿出一定的时间丰富自己的生活，参加周末一些看似与职场毫无关系的特长培训班，如舞蹈班、插花班、茶艺班、歌唱班等。在我看来，这是一种正常的现象。

这些特长可以增加你的魅力，如果你歌唱得好、舞跳得棒，公司活动时正好有了展示的机会。某种程度上，这也为你创造了很多机会。

想想看，一个刚走上工作岗位的新人，在工作经验上他显然是不丰富的，不能给别人提供价值，那么，他怎么能让别人关注自己，同时又不让人觉得他哗众取宠呢？

如果这个新人会变个小魔术，利用午休时间，给大家变个魔术玩，这会一下子把大家的兴趣都调动起来。他与别人的话题也会越来越多、距离越来越近，他融入团队就不再是什么困难的事情了。

想拥有这种魅力，必须要前期投入时间。时间对于人们来说都是非常宝贵的，正因为如此，人们才会总感觉没有时间，担心“业余活动多，会耽误挣钱”。可是，你是否有兴趣爱好这件事比你现在手头是否有 1000 万元都重要，因为个人在社会消耗的财富是有限的。如果你是一个无趣之人，纵然有了 1000 万元，也是一场灾难。

拿出时间，感受你的兴趣，“修炼”你的人生趣味。每天面对忙不完的工作，面对复杂的人际关系，压力会在无形中生成。人们也时常因为工作上的小事而心生不满，影响工作时的心情。

如果你所服务的对象是社会上有一定地位、名气的人，或者特定人群，你需要向他们推销高价格的产品。对服务对象而言，这个购物的过程就不可能是买一瓶洗发水、问一下成分、闻一下味道这么简单了。拿销售挖掘机的人员来讲，挖掘机不同于一般产品：第一，购买者购买挖掘机的出发点是将其作为一种生产资料去赚钱的，因而能否赚到钱是其考虑的第一因素；第二，挖掘机是高价值产品，因而购买者在确定是否购买时要考虑很多方面的因素。

客户一定不会像购买快消品或生活用品那样，只是简单判断一下就做出决定。此时，业务员和客户之间打交道就放到了主体的位置上。能够打动客户，就能够成功。

挖掘机的介绍资料，人人都可以熟练掌握，刻苦的业务员都可以倒背如流了。可是，这些死记硬背的内容，在和他人打交道的过程中能发挥多少作用呢？靠这些真能打动别人吗？

我的一个朋友是销售奇人。他的成交率令和他同样参加培训的人望尘莫及。更令人震撼的是，他对于“基础知识”的掌握不但不牢固，甚至还比不上销售业绩排最后一名的同事。

那么，他是如何成功的呢？我这个朋友最大的特点就是有趣，能创造时机，并能抓住时机。这里的“有趣”不是指“能吹能侃”，因为对于大客户而言，“能吹能侃”反而让人感觉不实在、不放心。朋友的有趣表现在他和那些腰缠万贯的大客户接触，从不怯场。朋友平时生活中兴趣广泛，无论是健身训练、养生知识，还是居家风水，他都懂得不少。

他去拜访大客户和同事不同，与他同行的人总是熟记产品的介绍内容，见了客户就推销产品，而朋友则不然。他每次拜访客户，带齐资料，见了客户，总是很轻松地把资料递上，然后说：“这是大品牌的产品，质量是有保证的，各种手续、资料都在档案袋里，您可以随时看看。我今天来，有个发现，就是您客厅栽种了一棵树，从居家摆设的角度来说……”总是在几句话之后，客户就对他刮目相看了。

靠着在第一时间与任何人不同，他占了先机，赢得了主动权。

再来说说我的一次经历。我有一个女同事，她非常善于给合作方营造一种非常好的氛围。

此前，我对她有诸多不理解，因为她是一名高管，无论是资历、背景，还是能力，她似乎都可以在对外展示公开形象的时候，表现自己富有能力的一面，但是她却选择了展示自己富有魅力的一面。

我们此前的工作很少对接，但后来有些项目要一起合作。有一次商务聚会，她神奇地从她的名牌包里取出了自己烘焙的点心，在休闲的时候分享给大家。当时，我们所有人真的是有点儿饿了，合作方有多位女士，她这样做，大家瞬间有了增进类似友谊的感觉。在后面的谈话中，我明显感觉到合作的味道变浓了，谈判的氛围在感觉上已经慢慢消失了。

后来我发现，有她在的地方就是一个有活跃度、有温度的地方。她来之前，所有人在一起只能谈规划、谈大事，即使不想谈太累的话题，似乎也不太好主动谈及自己的生活。但是只要她一出现，大家就慢慢地开始随着她的步调展开话题。大家可以分享一点儿手头实实在在正在做的事情，自己需要的帮助，自己的困惑，自己对生活的理解，等等。

我想，这是因为人人都需要在社会上参与竞争，但是人人内心都渴望家的感觉。所以，在合适的氛围，她是一个真正的高手，能够让性格不同、学历背景不同、商业环境不同的人都无拘无束地聚在一起。而究其根本，是她先无拘无束，敢于分享她的生活，于是其他人就再也不必“端着”了。

先让别人对你产生好奇

如果有机会结识一些非常厉害的人物的话，我们要学会先试着让对方对我们产生好奇心。比如，通过为对方提供有价值的信息的方式。

就像你遇见比尔·盖茨，你吹嘘自己有多少资产，恐怕他看都不会看你一眼。你说自己认识多少名人，他也会无动于衷。试想，什么是他关心的呢？

记住，人们最关心、最看重的永远是自己。别人在你面前说起他曾经讲过的故事，你听第二遍就烦了，但你讲和他相关的故事，他总会感兴趣。

见到比尔·盖茨，你应该主动聊微软的产品，向他描述一个用户最切身的体验。

如果你是白领，你在他眼中代表了一部分白领对微软的认识；如果你是大学生，你代表了一部分大学生的认识。

任何人都有自己感兴趣的话题，只是需要你用心发现。

很多能力超强、做快消品销售的人，去任意一个公共场合，都能结交陌生人，因势利导地推销自己的产品。

讲一个耐人寻味的案例：

一家开张不久的饭店，老板是出了名的热情好客，经常主动陪客人聊天。

有一位客人显然吃得很满意，总是赞叹菜品的独创性。这位客人显然不忙，没有要走的意思。于是，老板过去跟他聊天。客人说："您对菜品的用心，让我觉得我的工作做得还不够到位。"

老板高兴之余，对他也有了些兴趣，于是问他："您是做什么工作的？"

客人说："我做汽车行业，在工作中只重视车的性能要够好，还有价格的合理性，忽视了很多沟通上的问题。例如，介绍车的时候，太中规中矩了。"

老板听完后，对他的话题更感兴趣了，就和他聊车的话题，聊了一刻钟。这位客人走的时候，留下了自己的名片。老板也非常高兴地说过些天正巧要带一个朋友去看车。

其实，中国社会最大的特点是人情味浓厚，人们都希望找认识的人谈事情。

你用自己的方法认识一个人，就向成功踏出了你的第一步。

晓东是一家房地产中介公司的员工，他常常会找到一些比较不错的房源。

这当然与他的勤劳密不可分，大家都偷懒时，他会到自己负责的一些小区去转转。

看到老年人从超市出来，拎着很沉的东西时，他会主动过去搭把手。常常有些人被他打动，就会提起小区内某个房源的消息。

晓东是一个有分享精神的人。有一次，看到同事小赵一筹莫展的样子，晓东主动分享了自己的这个方法。

小赵感觉十分有道理，于是变得勤劳起来，也不在屋子里待着了，经常主动走出去寻找房源。

在小区里，看到有人拎东西，小赵也会主动上前帮忙，可是效果却并不好。有一天，小赵累了一天，却无功而返。回来后，他抱怨晓东："太奇怪了，为什么咱们穿同样的衣服，我去小区里要帮人拎个东西什么的，他们像防贼一样防着我？一个老太太明明都快拿不动那堆水果了，我一开口、一伸手，她马上就低头走了，都没正眼瞧我一下。"

晓东非常好奇这是怎么回事，他决定第二天陪着小赵一起去看看问题出在哪里。

经过观察，晓东终于找到了人们不理睬小赵的原因。

原来，小赵每次看到需要帮忙的人，就赶紧走上前去，特别热情地介绍自己，例如："阿姨您好，我是房地产中介公司的小赵，我帮您拎东西吧。"

对方一听这话，马上拎着东西走了，头也不回。

晓东不得不亲自示范。看到有人正在搬东西，他走上前说："大哥，我帮你搭把手。"然后二话不说，撸起袖子就帮对方搬东西。

搬得差不多了，搬东西的大哥主动递给晓东一根烟，问道："哥们儿，你做什么工作？"

晓东说："我做房地产中介。"

这时，搬东西的大哥非常热情地说："我自己有车，常常帮人搬个东西什么的。这个小区来来回回总有人搬家，肯定有空房子。一会儿，我给你问问搬家的这家人，看看能不能给你拉个生意。"

晓东赶紧感谢，然后留下了自己的名片。

小赵都看呆了，问晓东："你运气怎么这么好？"

晓东说："不是运气好，而是你不能太着急介绍自己。你一说自己是干什么的，别人就以为你是有目的的帮忙。谁愿意承担这种心理压力呢？就不理你了。你先帮了人家，人家自然就会对你上心，愿意帮你了。再说了，帮不了你也没关系，权当咱们出来运动一下，不吃亏。”

所以，人和人在付出同等劳动时间的情况下，有一些效果的不同，还是在于思路和策略以及对人情把握上的不同。

对场面的控制力就是气场

每个人的样貌不同，有人给别人的感觉是亲和，还有人给别人的感觉是威严，但在我个人的社交经验中，我认为气场比一个人的样貌更重要。人与人刚接触的 60 秒，是强气场还是弱气场，能立即被他人感受到。

如何增强气场？唯一的办法就是增强对场面的控制力。

在《世说新语》中有这样一个片段耐人寻味：魏武将见匈奴使，自以形陋，不足雄远国，使崔季珪代，帝自捉刀立床头。既毕，令间谍问曰："魏王何如？"匈奴使答曰："魏王雅望非常，然床头捉刀人，此乃英雄也。"

大意说的是，曹操要接见匈奴的使者，但是他觉得自身形象不太好，于是就让另一个形象很好的人来代替他，自己拿着一把大刀站在旁边。

接待完之后，曹操派人去问匈奴的使者感觉如何。使者说："魏王的确是很有风度的，然而我觉得床头拿着大刀的那个人，才是真正的英雄！”

这里提到的气场并不是一定要你多强势，而是你当时的自如，有决定权和掌控力，以及对自己的信心。

正如这个故事所讲，曹操之所以样貌一般，却气宇轩昂，这不是装的，而是他征战多年，杀伐、决断之下对事情拥有了一种强大的操控力，因而产生的一种强烈的自信，也成就了一种“英雄气”。

其实，人际交往也是如此，你越展示出这样的自信，别人越觉得你有能力驾驭一些事情。能否拥有这样的自信，是由你的实力决定的。

那么，对年轻人来说，如果还不具备强实力，应该怎么做才能增强自己的气场呢？我从实际的经验出发，给出三条建议。

第一，约别人见面的时候，早到十分钟。

约会不迟到，这是非常重要的一条。如果你每次约会都能不迟到，最好是稍微早到片刻，你等着别人来见你，你就会比较镇定，你的气场就会稳固。但是如果你迟到了，你刚进去就要先向对方道歉，自然心虚气短了。

还有的年轻人倒是能够听进去我的建议，但是早到了之后，就是呆呆地坐着玩手机，早到的意义就没有了。记住，气场是对场面的控制力。

通常情况下，如果别人来你的公司见你，你会感觉从容自在、游刃有余。去别人的公司，你就会略有紧张感，这就是场面的控制力。

但是，如果是我们尊重的人，我们可能会放弃自己的自如，以对方的需求为主，会考虑去拜访对方。还有的情况比较普遍，就是约在咖啡馆等场合。在这样的场合，你和别人约见的时候，如果你早到了，要做的就是与这个环境和氛围相融合。比如，知道洗手间的位置，提前熟悉一下特色的饮品，找一个好的位置。更重要的是，提前坐在对方的位置上看你自己所处的位置。如果你需要对方专注地听你说话，你务必做的是“封死对方的视线”，让你的背后不要有人来人往等分散注意力的事物……

类似的细节，听起来都很简单，但是不走心的人往往就做不到。做到以上几点的好处是显而易见的，比如你知道了洗手间的位置，对方需要的时候，你可以从容地为对方提供帮助。再比如，你能够准时地出现在某地，就是给对方一种信号：“这是一个靠谱的人。”

第二，自信是气场的核心，你要建立起自信。

你使用的语言，你的体态，你眉目间传达的情绪，都会让你散发出一种力量。这种力量虽然看不见、摸不着，却会被对方在第一时间捕捉到，并影响你们后期的交往。

有人曾经想给我介绍业务，他问："你听说过我们这个业务吧？"

我如果回答："没听过。"

这对他的自信无疑是一种削弱，他可能会对自己所推荐的这项业务的影响力打上一个问号，于是他不得不重整旗鼓，再次介绍。

一个成熟的业务员会这样介绍："公司今年推出了一个大项目，其中我负责的业务是……"如果这样说，听的人也许会觉得可信度高一些。

见客户也同样如此。我们要展示一种自信、从容的气场，不妨从自己熟悉的事务入手。

有时候，约客户在自己的办公室见面、聊事情，不适合冷冰冰地只谈公事。

我曾经拜访过一位企业家，他的整个办公室装修得很有特色，体现了他的高雅品位。他的办公室里有茶桌，还有一套昂贵的茶具。

他懂茶道，兴致好时，请人品茶，既有禅意，又有人情味，比起设宴百桌要高明很多。

所以，如果你想在与人第一次见面时就展示出自信的一面，不妨从自己懂的事情入手。设计场景也好，引出话题也好，当一个人做自己懂的事情时，会在不知不觉中散发出一种气场。

第三，合理控制小插曲。

我曾听到这样一种说法：恋人之间只要远行一次，回来的时候，就可以确定两个人是会在一起还是会分开。

也许听起来有点儿怪，细想却有道理，这暗含了人际交往中的一个道理：有的人，天天在你面前，你未必读得懂；有的人，你见他千次，却未必会发现他的优点或者缺点。

问题出在哪里呢？

当固定循环地重复一种生活的时候，我们根本不能够全面地了解对方，只有在发生突发事件时，我们才能看到一个人的另一面。

见客户更是如此。你是为了与对方建立关系而约见的，见面时要警惕一些小插曲：控制得当不影响交往，控制不当却将适得其反。

你约了客户吃饭，你的一言一行、一举一动都将在他的“品味”之中。你如何点菜，点菜的时候是否能够照顾好对方的喜好，对方都会根据你表现出来的修养、气质、品位，在心里给你打分。你的每个细节都在告诉他：你是个什么样的人，你是否经常参加社交场上的各种活动，你是否能够得体地与外界交往。

先来给大家设计一个场景：你的表现非常好，这时突然有个服务员过来倒水，不慎把水洒到了你的衣服上。在服务员道歉之后，你是原谅他，还是得理不饶人？要知道，客户虽然和你在同一张桌子上吃饭，但他并不是你的亲密朋友，他在观察你。

错的当然是服务员，但如果你对服务员大吼大叫，客户会觉得自己也没面子，还会觉得你的粗暴暴露了你没有修养的一面。

所以，对待这些小插曲，要合理控制，别忘了你今天的大目标，别忘了你的大局。生活就像一次考试，没有人知道考你的人会观察你的哪一点，你所相处的每个人都有可能成为考验你的一道题，所以我们要学会善待别人。

相反，如果你很灵活，让客户觉得你是个与人为善的人，他对你的印象就会有所不同。例如，你与客户在你公司所在的大厦停车场停车，前方有“车位已满”的告示牌。此时，你朝停车场的管理员打个手势，面前的拦车杆立马缓缓升起，你就能找到车位。因为你平时对这位管理员亲善和气，所以他愿意在能力范围内给你一些便利。

这就是你的社交能力在小事上的表现。

非语言信息在说话

日常生活中，我们大多都是在看，而不是在观察。例如，你看到了一个人，但是你认真留意了他的变化、表情了吗？你总结过他的习惯吗？

就拿一起打麻将的甲、乙、丙、丁四个人来说，如果仔细观察，你就能够发现，他们有不同的性格。

甲只有赢的时候才会舒展眉头，笑得非常开心，而他并不享受打麻将的过程。

乙打麻将时很爱说话，例如哪个同事又买了个新包，新近有什么新款的裙子。乙渴望的是大家能够凑在一起说话。

丙总爱问为什么，他不在乎输赢，但他很想知道怎么输的、怎么赢的。

丁更有意思，平常不怎么爱打麻将，最近打麻将的频率却突然高了。她出牌时总是先甩一下左手的大钻戒，然后再打牌，要让别人注意到她的骄傲。这说明丁喜欢“炫耀”。

在对这些细节的洞察中，你是用眼力靠近他人的内心。

有没有什么方法能让观察力提升呢？生活中的很多细节，如果你只是看，可能是看不出什么的，但是如果你把今天看到的写成一篇日记，那么你的观察力自然就会提升。

你强迫自己书写，会不自觉地强迫自己观察，因此你对人的理解才会变得深刻。

此时，观察力就改变了你所看到的世界。当你对人的观察变得细致后，世界会在你的眼里越来越清晰。

《沟通的艺术》这本书分享了人类学家爱德华·霍尔定义的在日常生活中的四种距离：

第一种是最短的距离——亲密距离。

这样的距离在 0.5 米左右。通常只有非常亲密的人才可以处于这个空间之内，并且多半发生在一些私人情境中——拥抱、安慰、保护。

第二种是个人距离。

这个距离介于 0.5 米到 1.2 米，这样的距离通常是夫妇在公开场合站在一起的距离。如果在宴会上有异性与你保持这样的距离，你可能会觉得有些不舒服。

第三种是社交距离。

这个距离介于1.2米到3.6米，在此距离内发生的沟通行为大多是商业行为。

在此距离内，比较近的一档是1.2米到2米，这样的距离通常是销售员与顾客或是同事之间的距离。而比较远的一档——2米到3.6米，一般在非个人的情境里，这样的距离通常是我们跟老板之间的距离。这样，他可以隔着他的办公桌看到我们。这跟拿一张桌子坐在老板身旁约1米的距离有很大的不同，让人不会那么紧张。

第四种是公共距离。

这在霍尔的分类中是最远的一种，指的是3.6米以外的距离。在这个公共距离里，比较近的距离就是大多数老师在教室里与学生之间的距离，较远的空间（超过7.6米以上的距离）对于两个人的沟通来说几近不可能。演讲者大多数采用公共距离，其原因是听众的人数太多了。但是，我们同时也可以猜想，如果有人在可以选择的情况下仍然保持公共距离，那就表示他不想和别人有任何对话。

以上四种距离，如果我们掌握了其本质，就会帮助我们在日常生活中观察到别人语言之外的一些信息。

我工作的头几年，有一次去见一位很低调但是履历却非常耀眼的老师，我通过很多方式，终于得到了拜访他的机会。

这位老师和他的助理翩然而至，他果然很有风采和气质。我们约在咖啡馆见面，在交流的过程中，我通过认真观察，发现了一件事情：这位老师和他的助理并行或者我与这位老师沟通事情的时候，他们两个人之间虽然没有任何语言和动作上的亲昵行为，但是他们之间的距离却在不经意间处于亲密距离，而他们毫无不自然的感觉。

感受到这一点之后，我对这位助理格外尊重，我请教她怎样才能够推进我想做的事情。她私下对我说："我看出你是真心想和老师合作的，真正了解老师的人才知道，他其实是一个很感性的人。除了一些商业的条件，我觉得你还可以将自己对他个人的理解和他多聊聊。"

后来，我和这位老师合作得非常顺利，这位助理对此事的帮助非常大。当然，随着合作的深入，他们两人是夫妻的事实也就很自然地让我知晓了。

我想，当你对这个人是一个名人的助理还是名人的亲友有所判断后，你的心态和你应对的策略当然会有很大的不同。而他们的亲密关系从来没有避讳，也没有打算宣布，只是要靠你去观察和分析才能得知。

我们与人沟通时，非语言的信息也属于很重要的线索。当我们能够熟练地捕捉和把握这些信息时，我们离成熟、有效的沟通会更近。

比如，我接触过一位名人。当时，他只给了我一个模糊的信息——告诉我他的活动要由他公司的商务推广部来和我商谈。令我没想到的是，来和我谈业务的居然是一个非常年轻的小姑娘。我观察这个姑娘的言谈和身体语言时，感受到了气场。

一个年纪轻轻的小姑娘为什么会有如此自信、笃定的气场？原因不重要，重要的是，我知道她对这位名人的资源和行程完全可以拍板。这和以为她只是一个来走过场的人，而幕后真正拍板的人是这位名人，我将提供的信息是完全不同的。

后来，我们的合作成功了。随着时间的推移，我才慢慢知道了一个重要的事实：这个姑娘是这位名人所合作的公司投资人的亲戚。她非常珍惜和这位名人在一起学习的机会，从毕业实习到现在，一直都在这家企业。伴随着公司业务的起步、发展、壮大，她一步步升迁。无论是从个人关系还是从个人能力来看，她纵然再年轻，也是一个拥有重要决定权的人。

第二章

聚合赋能：深度社交才有力

赋能是一门艺术

一位贤明的父亲和他七岁的儿子在整理后花园时，遇到了一块埋在土里的大石头。父亲觉得这是一个教育孩子的好机会，于是他要孩子自己将大石头移开。

孩子推了半天，石头毫无反应。他就聪明地在旁边挖了个洞，找来一根木头插进洞中，把另一块小石头垫在底下，使劲往上撬，但大石头仍纹丝不动。显而易见，以他的力气是不足以搬动大石头的。

孩子告诉父亲他搬不动，父亲在一旁看得很清楚，但仍冷冷地说："你要尽全力。"

这一次，孩子用尽了全身的力气，小脸憋得通红，到后来将整个身体的重量都压在木头上了，石头却仍没有挪动。孩子大喘着气，颓然坐下。

父亲走到他身边，和蔼地问道："你确定你真的用尽全力了吗？”孩子说当然用尽了。

这时，父亲温柔地拉起孩子的小手说：“不，儿子，你还没有用尽全力。我就在你旁边，可你没有向我求援。”

这个故事听起来很简单，但是在生活中，我们却常常是那个单纯的孩子。实际上，有的人面对困难的时候能够产生一种兴奋感和不畏惧的气质。这并非来源于自信，在当下这个高密度合作的时代，懂得在适当的时候寻求他人的帮助并不意味着依赖他人，也不是可耻的事。完美的互援与合作永远不能被忽视，当你懂得合作之后，你的自信也会增加。

我有一个朋友，专门负责对大客户的销售工作。每当她出马做一件事情的时候，你总有感觉有 80% 的可能性会成功。很多人怀疑她有什么背景，但是无论大家怎么猜测，她清者自清，完全靠实力拿下大单。慢慢地，她的威信和影响力建立了起来。久而久之，大家都佩服她有能力。

那么，她的实力完全是靠自己来打造的吗？在我看来并不是，我分析了她“实力”的构成部分，这其中包含着与人交往和沟通的能力。

第一，赢得他人的信任。

她靠着真心做事的态度，能够堂堂正正地赢得别人的尊敬和好感。所谓“大客户”，什么样的示好他们没见过？但是我这位朋友的做法却与众不同。

有一次，她去客户的公司聊合作。当她聊到她所在公司的另外一件不相干的产品时，客户有一点儿感兴趣的表情。我的这位朋友说：“我到时候送给您，您来看一下我们这套产品的实际效果。”客户笑着点了点头。

后来，她和客户聊合作，并没有再提这件事。客户也知道，人与人之间说的“到时候”，根本不知道“到哪个时候”。

开完会不到半小时，我的这位朋友又回到了客户的公司。原来，她开完会直接开车回公司，在办公室找到她谈到的产品，然后开着车就回来了。当她手里拿着那套漂亮的印刷品给客户展示的时候，这个客户说“从来没见到过这样的人”。

当时，她所展示的执行力和行动力，深深地打动了这位大客户。

第二，搜集零散信息。

很多时候，她能够最后靠产品和实力拿下订单。在大部分人看来，这是她所用的设计师厉害。但是，她的设计师从她这里离职后“泯然众人矣”。而她依然还能够做出令人信服的产品，因为她知道，自己闷着头做产品，即使做成千上万套方案也都未必能拿下订单，真正打动客户的方案，一定是能映照客户内心需求的产品。

有一次，她帮一个客户设计一款产品。当时，其他人依照常规判断，根据客户的产品特点和属性，准确做一款女性化的设计，只有她没有做常规的设计，而是以一个大气磅礴的设计作品征服了客户。这是因为她明白，所谓的大客户，并不是一个人做决定，大客户身边是有一个团队的。不能只投其所好，而是要了解大家的需求，大家想要提升的产品形态到底是什么样的。

她的成功也并非自己闭门造车，而是耐心、勤奋、诚恳地拜访了大客户身边的所有人，听了大家的想法之后，才得到的一个方向。

第三，高人指导方案。

她每一次结束一个大项目后，并不会“人走茶凉”，比如有一位很有思想的前辈，她称之为“徐阿姨”。她与徐阿姨在一个项目合作中认识，此后她一直和徐阿姨保持着非常好的联系。她一直关心并定期探望徐阿姨，经常与徐阿姨聊聊生活和工作。

这种不带功利性的交往，完全是因为她对徐阿姨的尊敬，可是不功利不等于不能带来现实的益处。在一次项目的比拼中，人生经验丰富的徐阿姨给了她重要的启发，让她有了超越一般人的见地和思想。

当她靠产品竞标成功之后，她还特意与徐阿姨分享了自己的成功，这更加激发了徐阿姨对她的关照之情。后来，徐阿姨至少给她介绍了两个重点合作的大客户。

所以，当我们能够意识到他人的力量时，就能够发现他人能在自己的生活中发挥神奇的力量。只有把别人真正放在心里，精进自己与他人交往的能力时，你自己的能力才会在无形中被放大。

把别人变成感恩的人

有读者曾经问过我这样的问题：自己悉心经营与他人的关系，仗义疏财，也舍得为别人付出，可是，为什么总是遇到一些不知道感恩的人？这些人为什么没有把他放在心上，也没有时常联系他？他发现，他帮助过的大部分人都默默远去，消失在人海……

我懂他的心情，不过这个问题不好回答，讲一段我自己的经历吧。

大学期间，我在物质上曾帮助过几个生活条件艰苦的同学。大学毕业后，大家忙于生活而慢慢失去了联系。我能够理解的是：一方面，每个人都有自己新的生活课题，大家真的很忙；另一方面，这几个同学如此辛苦，好不容易一步步成为白领，过上了体面的生活，也许他们不想过多地与我联系，是因为有可能我的存在，提醒了他们曾经有过一段比较艰苦的大学时光。

无论怎样，各奔前程而已。大家大概有四年的时间完全失去了联系。

后来，我的事业有了起色。慢慢地，我在同学当中，因为做事靠谱、待人不错，有了一定的口碑。

这几个同学一起联系了我。他们都很真诚，说必须聚在一起吃饭。

见面吃饭的时候，大家都很感慨。随后，他们又都不约而同地提到了我大学时期对他们的帮助，提到了自己当时的窘迫，提到了同学之间那种纯粹的帮助与交情。

经历的事情越多，一个人对事情的态度可能就会变得越温和。我不觉得老同学们对我说的话不真诚，我相信他们的感谢是在内心里一直都有的。

当然，以前他们把这种感谢放在心里，现在是什么让他们觉得有必要把这种感谢拿出来“晾晒”一下呢？

我心里越来越清楚的是，在这个世界上，当感激都可以成为人与人之间交往的一种方法时，你总要靠一些什么来让人想要接近你。

如果一个人够强，哪怕他并没有做出什么实际的事情去帮助别人，都有可能经常收到一封感谢信，感谢他精神上对自己的帮助，那么他的存在本身就是一种榜样的力量，这也是一种帮助。

所以说，当发现别人对你缺少感恩的心时，你要看一下自己当下是否在走上坡路。只要你咬紧牙关，坚持往上走，走到某一个点的时候，总能够与一些人重逢。

反之，如果自己发展得不是特别好，那么，你就会发现自己曾经帮助过的人都慢慢地和你走远了。不是别人不知道感激，而是生活真的很现实，每个人都要在现实的社会中趋利避害。这并不庸俗，我们也不应该去强迫别人成为道德上的完人。

我们自身越努力、价值越大，别人就会越珍惜我们的付出，因为怪这个世界太冷漠是无济于事的，不如让我们更努力！

当然，对我们自己来说，遇到别人忘记了我们对他的好时，也没必要耿耿于怀，因为有时候我们感觉对别人的帮助很大，可在对方看来，它有可能很大，也有可能很小。

有个不算太熟悉的朋友的侄子来北京，这个小男孩找到了我。虽然我和这个朋友不太熟，但我还是尽可能地帮助他的侄子安排了生活上的一些事情。例如，帮他安排住处——让他暂住在我另一个朋友的房子里。

他找到工作之后就马上搬出去了。有一天，我到借房子给他住的朋友家做客，聊起这个小男孩，我们俩都再也没有收到过他的信息。他也许刚来北京，还不懂得能有人提供自己的房子给他借住，是帮了他一个不小的忙。

开始的时候，我们觉得这个孩子有了新工作和新住所，报个平安给我们是周到的做法，但后来，我们也就释然了。也许只有帮助过他的人知道，在北京这样的大城市，能够给一个刚来这里的人安排一个非常好的住宿环境，是帮了他多大的忙，可对小男孩来说，这并没有那么重要。因为他没有经历过找不到房子的苦，所以他也没有多珍惜。况且，即便我不来安排，他多花些钱住宾馆，也不会无容身之处。他未必一定要对我们有多感激。

这是正常的，有可能是我们把自己做的一些事放大了。这样反而容易误会别人。无论怎么样，我们对一个人的好，是出于自己当时的意愿。自己愿意去帮助他，很自然地做出来之后，要学会忘记。

忘记不是为了利他，而是为了利己。当我们对一个人有所期待时，情绪就被对方所绑架。而当对方没有给出你所期待的回报的时候，你的内心就容易产生一些后悔的情绪。后悔自己当初为什么帮他，后悔自己当时不明白对方是个怎样的人。这些后悔的心情，对自己的伤害是最大的，它会消磨掉一个人的自信，以及一个人做决定时的坚定。

老实是一种聚合力

有一次，一个人想问我问题，绕来绕去，我听出来他的意思是想问：如何才能用不正当竞争的手段获得一个机会？

我当众没有给他台阶下，而是直接告诉他："看来你对厚黑学领会得很深，那你就保留自己的观点吧，实在没必要在这样的场合分享出来。"

我分享了很多人际交往的观点，但是都有一个核心的原则：我们与所有人之间要建立的联系，都是要放大和展示自己的亮点，来建立真实的联结，而不是把原有的自己抹杀，靠虚假和欺骗的手段赚取信任。

我在《高情商聊天术》里提到过一个很重要的聊天方法，叫作建立自然联结，并且写了很多例子，就是讲在聊天中怎样建立自然联结的。比如，即便我们在存在着"强烈功利心"的情况下要联系别人，也要给对方一个理由。

老陈需要联系老张，帮自己的一个朋友打听能否进老张的公司工作。老张自己开了一家公司，经营得风生水起，所以老陈一打电话，老张就很直接地问道："什么事，你就放心直说吧！"

老陈听完就直说了，说完之后，老张答应老陈可以安排。但是，他的安排是把公司人力资源负责人的联系方式给老陈，让老陈自己联系。后来，老陈的这个朋友是按照正常的公司制度去面试的。结果没有通过面试，此事不了了之。老陈再打电话给老张的时候，老张就巧妙地把这件事情推开了。

老张在电话中提醒老陈"有事直说"，这种态度的出现，可能是因为老张经常接到别人"求办事"的电话所形成的条件反射。不过，有一点是毋庸置疑的：老张因为自己的生意做得好，所以他对自己的"能量"是敏感的，他知道别人来找自己可能存在目的性。

老陈的失误是真的"直说"了，他最应该做的，是先打消老张的防备心。怎么说才能和老张建立自然联结，让老张不那么敏感呢？

老陈可以说："没什么事，就是昨天看到我们前年一起去旅游的老照片了，觉得那会儿的我们真是精力充沛。所以，你看下周什么时候有时间，我们一起去故地重游？"

对于这样的电话，老张是没有什么抵触心理的，因为老陈把突然打电话的行为合理化了。老张在内心是可以自我解释的：对方不是利用我，而是因为感情的联系来找我。

当与对方自然联结之后，老陈才有让老张满足自己需求的机会。

以上方式是站在对方的角度，让自己的聊天加入一定的弹性，从而不会直接引起对方的反感，本质并不是给对方“下套”。

我再举一个例子，有人和我聊天的时候说：“张老师，您的书写得太好了。”我会感受到其中的善意，也会礼貌地回应。可是，如果他是用我所倡导的“建立自然联结”的聊天方式，他可能会说：“张老师，我昨天去图书城看到您的书了，摆放的位置很好，当时就有好几个人站在那里看您的书。”我可能就不会只说声“谢谢”，而是与对方展开更多的话题了。

总之，再多的技巧，本质还是要诚恳、老实地与别人交流。没有老实，寸步难行。我们分享的是，老实人如何灵活地做事和表达自己的老实，以此来与别人建立联系，而不是去表达你内心本来没有的东西。

如果现实世界正在飞速变化，我们与他人的交往模式就必然要发生一些转变。比如，以前一个老实人在一个单位一待就是一辈子。慢慢地，周围的人都能够了解、信任与支持他。现在，三五年也许就会颠覆一个行业，人们没有足够的耐心和时间来了解一个人，所以老实人必然要增加一些灵活性。当然，本质的确不应该改变。

20 年前，人们认为跑业务的人都是油腔滑调、能言善辩的人。但我参加了一个销售行业的活动之后惊讶地发现，前 10 名的销售员中有 3 个人都有不同程度的口吃，而这似乎并没有妨碍他们事业的发展。当时我就明白了，轻微的口吃让一个老实人显得更加实在、可靠，不会巧舌如簧的人往往更能给人带来安全感。

公司发展也是如此。公司找了一家供应商，这家供应商的特点是产品的价格昂贵，一把普通的办公椅的价格比其他供应商提出的价格高出了许多。负责人找供应商谈了好几次，对方的态度总是非常温和、诚恳，但是在价格上没有做出大的让步，他们固执、诚恳地坚持自己的产品“一分价钱一分货”。负责人感觉他们“轴”，不懂变通，但还是接受了他们的价格，与他们合作了。

后来，公司又有需要，有新的供应商表示想要与其合作。新的供应商提供的椅子与老供应商提供的椅子从外表看来没什么区别，但是价格很便宜。他们也特别会“做人”，还常常拎着好茶送给相关的负责人。

过了不到半年，新找的这家供应商提供的椅子总是出问题，员工总是需要修椅子。这种事情的频繁发生，干扰了员工的正常工作。

相关人员这才发现，从老供应商那里购买的椅子，至今都没有坏过一把，而想到新的供应商还送来茶叶等礼物，公司的人越发感觉他们在用质量不好的产品骗自己。

这时，经历了事实论证后，公司对老供应商建立起了“再信任”，比最早的合作要坚固许多。

后期有很多合作，公司开始主动联系他们，并且价格上不再与他们多次谈判，也不会有太大的争论。

有人问老供应商，你们怎么会那么“精明”？对方回答：我们是老实人，不会像别人那么“精明”地做生意。

从这个案例中，我们能够重新理解“老实”这个词。老实人其实“不老实”，只是他们更懂得规划自己，并坚持自己的原则。

一个人越老实，内心越有力量，做事就会越踏实。

反之，聪明人是不喜欢按部就班地用老方法去做事情的。

给大家讲个案例。我刚工作的时候，一直不明白我的一位领导老魏为什么特别反感一个叫小李的同事，因为小李的性格特别外向，也特别愿意与人分享他的工作经验。怎么看，他都是一个八面玲珑的人。

小李对老魏就更不用说了，嘴很甜。他也很愿意表达对领导的仰慕，即使再多的人听这些话都觉得有些假，小李本人也说这是他的真心话，他不怕别人的评论。

后来一个偶然的机会，我才知道老魏讨厌小李的原因。原来，小李给老魏的一直是好听的话，而给另一位领导的可是实实在在的厚礼。

天下没有不透风的墙，老魏知道这件事后，小李越是嘴角抹蜜，老魏听起来就越是觉得讽刺。

有意思的是，老魏并不喜欢那些送礼之类的风气。大部分同事从来都没有给他送过什么礼物，他不稀罕什么礼物，也没有对这些同事有什么意见。

但是，老魏偏偏对小李产生了很不好的抵触心理。

道理其实很简单，如果小李从来不送礼，那么大家就接受了他是这样一个善于口头表达，却不擅长以实物言谢的人。

可是，小李给另一个领导送了礼物，这就证明小李很懂这一套。那么，很懂这一套的人，却如此厚此薄彼，才会令人不舒服。

所以，有时候做老实人才是不累的。送礼这样的事情，最好不要轻易用，因为你一旦用了，以后你就会上瘾。而别人看到你上瘾了，他也就会上瘾了。

老实人不必学这样的一些小聪明，与其让自己看起来又老实又不老实，不如学一种“大智若愚”的情怀。有一句话叫作：“Less is more.”这是著名建筑师米斯·凡德洛说过的一句话，意思是“少即是多”。

这是一种提倡简单、反对过度装饰的设计理念，生活中也同样适用。简单的东西往往带给人们的是更多、更好的感受，用心老老实实地把一件事做好有时候就是一种竞争力。例如，我一个做艺人的朋友有一个助理，是个憨厚的小姑娘，说不出哪里好，就是谁也替代不了。清晨，助理陪朋友去电视台，还会根据情况，给一起参加电视节目的某些人准备一份早餐，恰到好处，很自然地表达一份关心和善意。诸如此类，总是给朋友一些惊喜。也就是说，做一个助理，就要做不可被迅速替换的助理。

网传这样一小段视频，是某个电视节目播放过的一个画面：一望无际的非洲拉马河畔，一只非洲豹向一群羚羊奔去，羚羊拼命地四散奔逃。非洲豹的眼睛盯着一只未成年的羚羊，穷追不舍。追逐的过程中，非洲豹对离它很近的、站在旁边惊恐观望的羚羊视而不见。

耐人寻味的地方就在这里，挨着非洲豹的羚羊并没有让它分心，它一次次放过这些羚羊，还是一直追逐着原来的那只。终于，它追到了。

这个故事给我们传达的道理是“只追一只羊”，那些挨得很近的羊，不过是扰乱非洲豹的一种诱惑。如果非洲豹真的放弃先前的那只羚羊而改追它们，结果未必追得上，因为它已经跑累了，而其他的羚羊并没有跑累。

如果非洲豹随意改变自己的目标，其他羚羊一旦起跑，转瞬之间就会把疲惫不堪的非洲豹甩到身后，非洲豹最终将一无所获。

老实人的成功有时候就是因为他不会高估自己的能力，而是踏踏实实地盯紧自己的目标。

老实人憨厚地笑笑，别人就愿意为他做的事，有的精明人要费很多力气才能做到！

做人如清泉，做事如深海

“做人浅如清泉”指的是我们在和人沟通与交流的时候，不要过度“隐藏自己”。

在读日本稻盛和夫先生的《活法》时，我看到了“率直之心”：

> 所谓“率直之心”，并不是别人要你向右转你就向右转，并不是盲目顺从，而是抱着谦虚的态度，如实承认自己的弱点和不足，然后不惜一切努力奋斗。具备一对虚心聆听他人意见的大耳朵，具备一双真诚审视自己的大眼睛，耳聪目明，充分发挥耳朵、眼睛的作用。

稻盛和夫先生在这本书中讲到了他的一段经历：

> 谈到“率直之心”，让我想起我当研究员时的事情。每

当我专心致志地做实验，实验出现了预期的结果时，我会情不自禁，高兴得跳起来：“啊，太棒了！”我用整个身体来表达这种喜悦。

然而，这时候，我的一位助手却总是用冷冷的目光注视我。

有一次，我又兴高采烈地跳起来，并对这位助手说：“你也该高兴啊！”不料，这位助手却无动于衷，一副兴味索然的模样，不屑地抛出一句：“你还真是一个轻浮的人。”他接着说，“为了这点儿芝麻绿豆的小事，‘太棒了，太好了’，开心得眉飞色舞。值得男子汉高兴得跳起来的事情，一辈子有一两次就不错了，而你动不动就高兴得手舞足蹈，未免太轻率，会被人瞧不起的。”

他这一席话犹如一盆冷水，让我从头到脚感觉一阵冰凉。

我稍稍稳定了一下自己的情绪，这样反驳他：“你的说法或许有道理，但我认为，研究出了成果，哪怕是微不足道的成果，也应该把自己的喜悦之情、感恩之心直率地表达出来，可以成为一种动力，激励我们继续这种枯燥的研究和单调的工作。”

我的说辞中虽然带有几分苦涩，但却简单明了地表述了我的人生哲学和信条。那就是，不管什么小事，只要开心，只要感激，就要率直地表达出来，不绕圈子，不装深沉。这种心态的积极性，我不假思索就对这位助手说了出来。

对于稻盛和夫先生这样的企业家与哲学家，在他阅尽人间百态之后，还认为“率直之心”如此重要。我们从中能够看出，一个人的身上，真实是多么重要的力量。它既是铠甲，又是武器。

一个如清泉的人会给人一种放心的感觉，你平时完全可以把正直、积极、灵活的一面展示出来，让对方感受到你的踏实和靠谱。

我常常听到很多年轻人问我：“领导……我到底该怎么办？”

问的人多了，我便总结出了自己的经验，那就是：社会是在变的，领导是在变的；即便是一个领导，他的心情也是在变的。

如果你去问一个变化的事物，不如去问自己的心，你坚持的原则是什么。你要有自己的原则，你的原则会让周围的一切因你而变，而不是将自己的希望寄托在有可能变来变去的事物上，迷失自我。这些原则包括：

第一要保证的是自己本身就具备正直的品德。

我的一个朋友，他所在的公司面试过一个高端人才。坦白地讲，这个人的业务水平很高，脑袋也非常灵活。

面试官不禁疑惑，这么有才能的人，为什么还没有被猎头挖走呢？于是，他就询问了一下对方的情况，知道对方曾有过一段做管理人员的经历。朋友就想了解一下他的这段经历，以便考虑将来如何让他带团队。

此人一张嘴说话，就是怀才不遇之感：“团队里的每个人都有小算盘，甚至不能统一语言，完全就没法带这批人。”后来，朋友又问了几件具体的事情，对方认为全是别人的失误，才让他无法开展工作。

面试结束，此人出局。

第二保证的是自己本身就足够积极。

老员工通常在公司是很宝贵的资源，就算他没有出众的业绩，但因为熟悉企业文化和工作流程，也会比其他人更多一些机会。可是，有些人往往会因为自己的失误，断送了自己的好前程。

有的人到了一定年纪，有了一定的资历，就墨守成规。当公司实施新的制度，并且要考核的时候，领导让一名老员工带头学习。本是非常好的学习机会，不料他说：“我上岁数了，就不带头了，还是让年轻人学吧，学会后给我传达一下就可以了。”

这种消极的态度是一种不成熟的、任性的表现，只能让机会离自己越来越远。不要随意、负面地传达自己的想法，毕竟很多时候这些只是我们不经意说出口的，可却给了别人不满的理由。人们对我们的信任需要累积和维护。

第三要保证的是我们本身的灵活性。也就是说，做事要深，要让别人知道我们是有能力解决问题的人。

一个公司招聘了一个学历很高的员工。本来，公司对他寄予厚望，但是发生了一件事情，令人对他大为失望。

领导告知他明天公司要接待重要的客户，他做的第一件事，居然是走了很远的路，自己找了一家酒店，订了包间。可是，这明明就是公司前台一个电话就能解决的事情!

所以，他还没有学会真正的合作。

很多人的成长环境中，评价的标准都过于单一。例如："学习好，就一切都好。"或者"业绩好，一切都好"。这就忽视了人际交往中要求的高度合作性。有这样一句名言："一件事永远不要靠一个人花100%的力量，而要靠100个人花每个人1%的力量去完成。"

如果从小学到大学，你一直被单一价值观所引导，没有积极争取当班干部或者进入学生会，那你进入社会后，就应该多参加一些志同道合的人组织的沙龙，培养一定的合作性。

参加一些沙龙，人与人之间互相认识，就有了一定的合理性，人与人的交往在有理由的情况下将更顺利地进行。

有理由是非常重要的，因为人与人的交往、互动，最好是在自然的情况下发生，这有助于在合理的情况下产生一种信任感。在社团中，多付出劳动，多帮助别人，才有可能让别人记住你。而且，你最好是给自己争取一个合理的角色，这样你又多了一个服务他人的理由。这样慢慢发展，你的人脉必定越来越广。

除了社团之外，还可以给一些你认识的人写邮件。当一个业务要开展的时候，你突然发现可能需要你的某个同学，但是这个老同学好久不联系了。你突然找他，恐怕他会因为警觉而产生心理上的反感。

那该如何聊第一句话，让对方觉得你找他帮忙是合理的呢？

你可以说："我正和一大批老同学聊天呢，想到了你，咱们有空见面聊聊吧。"

你还可以说："我正在家里整理老照片，看到了你的照片，想到了你。好久没见了，咱们找几个朋友一起聚聚吧。"

有了合适的理由，再找机会看看对方是否有需求。这样既不破坏关系，又能够表达自己的善意，从而增进彼此的感情。

做事要深，还意味着做事要有足够的层次，不能只停留在表面。小林和小冰是校友，主修的还是同样的专业。毕业后，她们进入同一家公司工作。

两个人的工作都是给一些媒体的老师寄发资料。这类工作很枯燥，但是她们的工作状态很好，都在兢兢业业地工作。

唯一不同的是，小林寄发资料的时候，总是夹上自己的名片。东西寄到了之后，她还会主动给对方打一个电话。她会恰如其分地做一个 30 秒钟的自我介绍，然后问对方还需要什么资料，她愿意主动提供。小冰不会做这些，她一直是按照常规工作安排寄发资料。

一个月后，小林寄发邮件，出现了一次失误；小冰没有任何失误。

一年后，小林积累了很多媒体资源，拥有了与很多媒体老师不错的关系，得到了一个晋升的机会。小冰成为优秀员工，得到了一笔不多的年终奖。

这件事情很真实地说明了人可以老实，却不能死板。当你拥有得天独厚为别人服务的机会时，你可以不要求对方回报，但是不要让对方叫不上你的名字，瞬间忘了你是谁。

绝口不提的三类人

我们要有一种自我意识：任何时刻，我们都要树立自我形象，以及扩大自己的影响力，哪怕是闲聊。

年轻的时候，我做过实习记者。我和同事去参加一个活动，为了让大家感觉亲切、放松，我和我的同事与当时在场的人聊了很多。活动结束时，我的同事还和在场的人多聊了几句家常。在我听来，他只是为了“客气”而说了几句谦虚的话。

就当我们感觉氛围融洽，收拾东西要离开的时候，我清清楚楚地听到人群里有这样一句话：“现在的大学生，根本没什么水平。”

当然，我们当时采访的目的是让人放松，不给他们压力，把采访完成好就可以了。但得到这样的评价，还是让我当时有了工作上的反思。那就是，做记者进行工作采访，或者是平时与他人聊天，当我们想要和别人拉近距离的时候，是不是一定要做到让对方感觉不出差距？甚至发展到，对方本来是高看你的，但是因为你聊得太没有边界了，反而对你产生了一些轻慢，觉得你也不过如此呢？

我慢慢体会到“亲而难犯，威而不怒”的含义，思考做事、说话的尺度到底在哪里。

后来，随着社会经验的积累和时间的推移，我慢慢知道什么时候一定是说多错多：有的话，是不能接的；有的回应，是不必给的；有的姿态，是不能丢的。

除了我们没必要为了和别人套近乎就自我贬低、说客套话之外，关于对自我形象的维护，有以下三种人我们是要绝口不提的。

第一类是比你发展得好的同事。

同事之间自然存在着一定的比较。同样的竞争环境，如果同事做得好，必然有一定原因，但是如果公开评论比你发展得好的人，哪怕只是微词，也会令人感觉你不但能力差，而且缺乏度量。

纵使对方有道德问题，只要他发展得比你好，你也不要不承认他的努力和运气，而发出无力和无用的评价。一个冷静的职场人，在工作中面对复杂情况的时候要明白：要么果断干脆，即便在你的同事抢功的时候，也要精准无误地出奇制胜；要么坚忍、沉默，向你的竞争对手学习。

小李工作勤奋，他花了一个星期的时间熬夜加班做方案。他的搭档小王要求看一下小李的方案，并表示一定不会抄袭他的方案。

小李是怎么做的呢?

他大大方方给小王看了方案。

到了公司领导要求两人呈现方案的时候，小王要抢先讲。小李发现小王有很多地方“借鉴”了自己的内容。

可是，小李并没有慌。因为当领导觉得小王的文案中一个调查数据非常有意思的时候，问小王这个数据从哪里来的时，小王支支吾吾说不清楚。

轮到小李呈现他的方案时，他镇定自若地讲起自己做方案的思路，尤其是有力地补充了他使用的调查数据的来源，并且讲清楚了这个方案里很多关键的环节。

在这个案例中，小李并没有停留在道德层面去批评和指责小王的行为，而是防患于未然——在自己独家的内容中“埋下了关键一笔”，这一笔是只有自己才能解释清楚的创造性劳动。

试想，如果他不是冷静、客观地处理了这件事，而是等小王抢了他的功劳，他再去指责小王，领导非但难以分辨真伪，还会觉得小李在横生枝节，难免心生不快，也许还会批评小李“不懂得工作中要注意保密”。

那么，我们到底该如何看待那些发展得比自己好的同事呢?

我们先得承认，对方和你在同样的起跑线上，同样的资源优势下，如果对方就是能吸聚资源，发展得比你快、比你稳，一定有自己成功的道理。我们评价别人的人品、道德，都是很模糊的概念。

你要做的就是观察，观察对方的方法是什么，进行记录和整理。

如果你用心看了足够多的信息，并进行了整理，你就能明白，当面对同样的事情时，可以有多少种不同的做法，而不同的做法带来的后果是什么。

你当然可以拥有选择的自由，也可以按照自己的心意来做事情，但前提是，你已经明了所有的做法和与之对应的利弊。

第二类是不在场的人。

一个部门的同事要一起开会，有一个人还没来。就在大家等待的时候，有人开始发牢骚："他怎么还不来？是觉得自己的时间比我们的珍贵吗？"

这看似是在取悦现场的人，以及讨好领导，但是这样的抱怨，绝对暴露了说话人的搬弄是非和不厚道。

如果此时有人说："不知道他是什么原因没来，要不，我们先开会吧。开会的内容，我可以单独去传达一下。"

这个人就会因为内心的厚道被大家认同。这样，任何人迟到的时候，都会想起谁厚道，谁会说人是非。

第三类是竞争对手。

在实际的商业竞争中，我们都知道有一条不成文的规则，那就是不说竞争对手的坏话。那么，实际上怎么操作呢？是不是一提到竞争对手，我们就退避三舍？

其实并不需要如此，当对方提到你的竞争对手时，你既没必要假意地承认对手，也没必要批判对手，你可以试着这样说："对方也还可以，我们公司的优势是……"

甚至可以说："他们的东西还可以，但是我们的优势是……我认为其他家没法比，所以我在这家公司工作十年了……"

就这样，从一笔带过到层层推进，自然而然地提到自己，让自己和公司的信用互相加强，从而实现自己的目标。

争与不争的分界线

多年前，我帮朋友去参加一个项目的谈判。当时，我面对的是一位女士。她谈判的时候，思路之清晰，逻辑之缜密，令我们很佩服。

后来，我选择的角度就是以共赢的一个方案打动对方，来促进合作。

谈判基本结束了，合作也谈成了，令人意想不到的事情发生了：这位女士要把自己谈判来的一部分利益割让出来，让双方利益均享。

当时，我们所有人都很惊讶，她在细节上的毫不让步令我们怎么也想不到，最后她会有如此的举动。

那一次，我从这位女士身上学到了很宝贵的一课，那就是商业合作中，争与不争是门艺术。

用通俗的话来说，你争来的是你的身价，反哺是你的气度。

身价是重要的，当你投入金钱之后，你会对自己购买的产品多了一份尊重和耐心。比如：花自己的钱买来的书，我们会认认真真地看；赠品得来的书，我们却经常看都不看就丢掉。带着“免费”的心情去看书，总觉得书里讲的道理很一般。

商业社会认可这样一点：不怕你足够贵，只要你足够值。

看看超市，如果只要价格高，便没有人买，就不会出现那么多层次的商品了。恰巧相反，那些被定了高价的名牌商品，不仅更能得到使用者的精心呵护，最终还提升了商品本身的品牌效应。

曾经有过这样的试验，就是让人们试穿不同品牌的运动鞋。试验的结果是：跟那些价格较低的运动鞋相比，穿高价位的运动鞋让人觉得更舒服。

除了争取身价，还要懂得争格局。

在与人打交道、与人合作、与人谈判的过程中，要审时度势，把利益和我们的付出妥善地安排好。

我有一个同学，当年，他在他所在的公司属于业务骨干，能力出众。

有一次，他向我抱怨公司某个制度的不合理。我支持他全面思考和梳理这个问题，然后在合适的机会，大大方方地从他实际工作的角度把问题反馈出来。

果然有一次，大领导组织开会，他站起来提出了他思考的问题。

在他陈述观点的时候，其他部门的负责人老余提出了反对意见。当然，这位反对者语言苍白无力，自然不是对手，因为我同学已经深思熟虑，早有应对的良策。

当天，我同学从公司大局、制度改良、可操作性等角度提出了制度的问题。而且，他还结合了麦肯锡的商业理论，反驳了老余的意见。当天就引起了很大的反响。

从那一次开始，他的领导觉得他虽然年轻，但是有担当、有思想，当堪大用。

当时，正好我得到了一瓶珍贵的红酒，我把它送给了我的这位同学。我说：“你不是说老余喜欢品红酒吗？这瓶酒你可以送给老余。”

他当时非常不理解，大声说：“没关系，即使在一个公司，我也不怕老余。他虽然资历老，但是，他根本就管不了我。”

我只对他说了一句话：“老同学，你除了要让人怕，还要让人敬呀！”

听完我的这句话，他愣在了原地。

后来，他还是把酒送给了老余。

这就是争与不争的艺术。现在，我这位老同学已经是一名很成熟的管理人才，也很有人格魅力。我想我当年谈判时从那位女士身上学到的知识，他早已能运用自如了。

我在实际工作和商业合作中，发现我们大部分人都懂得进取的重要性，却往往忽视了“退”的艺术。一位在投资界非常知名的天使投资人，在一次私下的场合曾经点评自己，说到很多项目大家看起来都以为是赚钱的，但是没掌握好何时“退”，便会失之毫厘，谬以千里。

有时候，当我们不争，退出去，看一下全局，就会发现自己到底在系统和事件的推进中起到了什么样的作用。

比如，你的同事借鉴了你的创意，取得了领导们都非常欣赏的工作成果。此时，什么是真正的争？真正的争是反思自己是否存在眼高手低的问题，要在工作中提高自己的行动力，并且留意在日常交流中对某些话题进行适当的保留和保密，而不是不依不饶地找领导要说法。这样做的结果并非只针对同事，而是把领导也推到了一个进退维谷的位置。这样的争对错、争说法，会影响你当下的时间。稻盛和夫先生有这样一句话：“过去判断积累的结果就是我们现在的人生，今天如何选择，将决定我们今后的人生。”

所以，争大局，不争小利；争未来，不争一时。这可以是我们在面临选择时，给自己的一个重要提醒。

对刚就业的年轻人来说，到底该争什么？比如，差旅费和工资，你该争哪一样？

我 20 多岁和大学同学聚在一起的时候，大家都在炫耀自己赚了多少钱，也就是公司给我们发了多少钱的底薪。那时候，我们误以为那个钱数就代表了资历与能力。

但是现在，经历了越来越多的事情，思考也越来越有深度，我终于懂得了，能赚多少钱不是衡量一个人价值的唯一尺码，也不是人际交往的筹码。例如，当我的某个同学年薪 500 万元的时候，实际上和我无关，他就如同某个明星人物一样。收入只是个数字，不会引起我过多的关注，只要前提条件是我无求于他。他的钱不但和我没有丝毫的关系，也撼动不了我和他之间的交往和平等的关系。

什么时候我才感受到他的气势呢？永远不是他银行卡里有多少钱，而是在他往外花钱的时候，我开始审视和关注他。因为他的企业给了他一笔巨款让他决策投资，花掉的那些钱就代表他的能力、心量、眼光、投资手段，甚至是社会贡献等。那时候，我们几个老同学开始以同学中有这号人物为骄傲。

讲这个道理，是想分享，在你衣食无忧的情况下，如果有一天，领导要给你涨工资，你要看领导究竟有多信任你。请不要看他肯给你涨多少钱，而是要看他愿意给你涨多少差旅费，让你走出办公室这片狭小的天地，去交际，去见识，去创造价值，去拓宽个人的领域和空间。

“为之而不能，能之而不为。”想要快速发展，就要舍得放下能够轻松掌握的工作，勇于突破！当你的差旅费大于你的工资时，意味着什么？那意味着，你不但此刻对公司有价值，你的未来也被公司看好，你是一个注定要成大器、发挥巨大作用的员工。

公司给你空间，给你平台，这才是真的“挺”你，而不是多发个红包那样简单。

让你的钱为你赋能

有两个人同时看见一辆名车停在了五星级酒店门口。其中一个人看了以后，撇撇嘴说："开这种车的人，肚子里肯定没有什么墨水。"

另一个人想了想，看着他说："开这辆车的人是否胸无点墨我不知道，但是我发现凡是说这种话的人，口袋里通常都没有什么钱。"

奥美创始人大卫·奥格威在他的《一个广告人的自白》一书中，写到自己早年做厨师的一段经历：

> 我们厨师的工资低得可怜，但皮塔先生却从供货人那里得到了很多佣金，供他在豪华别墅过日子。他从不向我们隐瞒他有钱，他坐出租车上班，手拿一根包金头的手杖，下班后衣着考究，简直就像一位国际银行巨头。这种炫耀特权的做法，激励我们要步他后尘的雄心。

《一个广告人的自白》是广告业的人会关注的书，而我们从这段材料中，还能看到什么呢？

一个有事业心的年轻人（大卫·奥格威），他看着他的老板过着与自己完全不同的生活，他没有敌意，而是觉得自己一定要“步他的后尘”。

如果他对他的老板稍有敌意，他就不会有下面这段文字：

> 皮塔先生的领导艺术诸因素中，给我印象最深的也许要数他的勤劳。一个星期63个小时俯身于火红的烤炉前搞得我疲惫不堪，工休的那天，我必须躺在草坪上久久地望着天空休息。可是，皮塔先生一个星期要工作77个小时，两个星期才休息一天。

因为大卫·奥格威“不仇富”，所以他观察到他的老板在人前尊贵的一面，是靠在人后不停地努力才拼来的。

总有人一提到“有钱人”的时候，就可以滔滔不绝地抨击：“有钱人没一个好东西！马无夜草不肥！”或者提到对社会的认识时，也有人会对社会上一些阴暗的东西如数家珍。

当一个人只关注这些的时候，他几乎等于蒙上了自己的眼睛，有了一颗只会抱怨和愤怒的心。

那些黑暗的，他全信了。

那些积极的，他视而不见。

“地里不长庄稼就长草。”这句话出自一个故事。故事讲的是，一位老父亲问孩子，这一片荒芜的地方如何除草。孩子想了很多除草的方法，这些方法无疑都是很有效的，但是不能解决的问题是：第一年，所有的草除干净了；第二年，“春风吹又生”，草又长了出来。

除草的问题就交给了父亲，父亲解决的方法是在地里种上庄稼。土地上年复一年地种上了庄稼，再也没有荒芜过。

这位父亲要告诉孩子的是，心田也是如此：如果不吸收正面的东西，负面的东西就会时不时地跑出来。只有多接触有益的内容，才能让自己的心总在一个健康的正循环里。

我曾遇到过一个年轻人，他对所有一夜暴富的富人如何不正当赚钱的资料都很感兴趣。当提到富人是如何消费和生活的时候，他的戾气和怒气就一起跑了出来。

于是，我引导他：“这个社会的确有一些不好的事情，所有的有钱人中，你最佩服谁？”

他很久没有吭声，原来，他从来没有关注过健康的创业故事。

就连太阳上都有黑子，一个人的眼睛如果总盯着黑子，就会忘记世上还有太阳。

综上所述，我们要正视金钱的作用，要懂得尊重金钱。

在商业合作中，尊重钱是正确使用钱的前提。钱用好了，它就是你上升过程中的好助力。如果不用钱，钱就成了库存，赚钱就成了一件非常痛苦和无聊的事情，因为你会把它仅仅界定为生存的手段。

合理的花费是为了更好地盘活资金，让钱真正地发挥威力。

大家熟知的李敖，很少表扬女性，但是他高度评价过一位女性陈文茜，说她是最聪明的女人。富贵一辈子的陈文茜在接受鲁豫采访的时候曾经这么说过："自己很早就明白，花了钱，才会有很多的朋友找自己。"她在和朋友交往的过程中，从来没有因为钱而出现过问题。

陈文茜还有自己的生活原则：收入要比支出高，但不能高太多；坚决不投资房产；不买奢侈品。

与此对比，陈文茜还爆料她去某个富商家里的发现：郭台铭的书桌简直破烂不堪，甚至卧室一度让她以为是用人的房间。在这一方面，她又认为不能过分省钱，有钱人不好好花钱就是坏榜样。

钱，会花才能证明你真正拥有它。你要懂得对比与衡量付出与得到的价值，哪个多，哪个少。当值得的时候，就一定要花，至少不要总是在和朋友吃饭的时候到处找钱包。

钱一定要用，人有一双翅膀才能驾驭金钱，才能飞翔：

第一就是敢于花掉它，花掉它才能拥有它；

第二要能控制金钱，花费有度才不会被金钱所控制。

花钱和节约并不矛盾，会花钱的人既不会让人觉得他铺张浪费，也不会让人觉得他吝啬小气。

听起来让人觉得匪夷所思，实际上却并不矛盾。

讲一个我朋友的故事，大家就明白了。

朋友是个儒商，他非常喜欢旅游。只要他想去一个地方，他一定会订最好的酒店。只要环境舒适、景色优美，花再多的钱都没有关系。有时候，一晚上的花费足够普通工薪阶层半年的收入。但是，朋友钱花得非常坦然，也毫不心疼。

值得称道的是，朋友并不是一个“烧钱”而没有社会责任感的人，不说私下对贫穷山区捐款的数目让认识他的人自愧不如，就是平时他使用一件日用品的时候，也一定能够做到“物尽其用”。他热爱国画，但他从未浪费过颜料，任何东西都是彻底用完才换新的。这一点，又让我们觉得这是个有环保意识、不浪费的人。

看懂了这个事例，你会在对人性的把握的基础上，重塑自己的金钱观。进而保证你有钱的时候，花钱不被人妒忌，这展示了你的能力和品位；省钱不让人感觉抠门，这展示了你粗中有细的做事风格。

对于年轻人来说，用好钱可以做好以下这三个方面。无论月收入 5000 元还是 5 万元，尽量保证这三个方面均衡。

第一个方面是保证你的健康。

因为很多年轻人仗着年轻体力好，熬夜加班、通宵上网，用健康换财富，这不符合可持续发展的方向。你应该用钱养护和武装你的身体，可以考虑在健身、营养等方面进行投资，来保证你的身体一直好用，保证自己有灵活的大脑和充足的体力。

也许你现在省吃俭用，觉得自己节约下来这些钱，与其他花费掉这些钱的人相比，没有什么区别，也觉得自己的身体还是很健康的，但是用不到五年，这个区别就会显示出来。十年后产生的差异，花多少钱都追不回来。

钱花在哪里，一定会被看出来。

第二个方面是应该投资自己的头脑。

可以在读书和学习上持续投资，增加了你的自信和知识积累之后，你的职业生涯就会因此有质的飞跃。

同样也用不了五年，你和那些从未做过这个投资的人来对比，也会有很大的差距。而对于他们来说，再来追上你会变得很难，因为年轻时是记忆力等重要能力的巅峰时期，懂得投资自己的头脑，说明你利用好了这个重要的时期。

第三个方面是应该用来保证你的人脉，对社交追加一点儿投资。

财散则人聚，财聚则人散。人与人之间（家人之间、朋友之间、同事之间、上级与下级之间），交际难免需要花费。

不花费金钱就想搞好关系是不可能的。朋友少约会可以减少花费，对领导多说好话就期待换来信任，然而自己省吃俭用，感觉幸福吗？和朋友的感情深厚吗？领导真的能听进你的那些好话，觉得你是真心的吗？

该和朋友吃饭、娱乐、旅游的时候，就去参加，不要做守财奴。当你花钱得到了很多体验和阅历的时候，有一天，你花这些钱所积攒的体验会让人看到自己的价值。永远不要等有钱了才去好好对待别人，而是好好对待了别人，才能越来越有财运。不懂得这个顺序，就得不到回报更高的机会。

在支付方式单一的时代，我常常是发起聚餐活动的人：有朋友送我一瓶好酒，我找三五个好友，一起聚聚；有朋自远方来，我组织大家一起聚聚；还有一些业内的活动交流，我也常常是发起者。有人问：这样会不会陷入无目的的交际怪圈里？

对我来说，并不会。因为我在选择人的时候，不是以对方是否有钱、当下是否对我有利来衡量的，我是以情感的浓度、看问题的深度、个人的独特性来组织活动。当然，当时来的人是我选择的，我也是被选择的。当大家觉得聚在一起是有价值的，而不只是抱怨和发牢骚时，大家才会有积极性去聚在一起。

每一场活动组织完，我都会很有收获，了解到社会上不同角色的人看待事情的不同。久而久之，我的社会知识的交叉性就得到了很大的提高，这对我的工作产生了非常大的帮助。

在我刚工作的头五年里，我是没有攒钱的计划和打算的，但是即便是这样，我也做不到每次聚会都是自己来请客吃饭。那样的话，既考验自己的经济承受能力，又容易把好朋友变成“酒肉朋友”。

可是，既然是组织者，当时我的收入也算不错，那么，怎样在付钱的时候显得更加有担当和大大方方呢？我的方法是付零头，也就是在每个人都付钱的情况下，肯定是有一些零头的，这部分的钱也许并不多，但是每一次都是我付。所有付钱的人，既不会觉得你是在逞能，又会感受到你的诚心。

那么，在支付环境发生了改变的当下，我们和人交往的时候，如何利用钱来为自己赋能呢？尤其是当人们认可了知识付费之后，你想交往一些有知识、有层次的人就更容易了，互联网的发展让现在的交往变得更加容易。

可是，这里面花的心思却应该和我当年的一样多，你才能真正得到别人的欣赏。比如，有的人常常开通某些打赏的功能。你每次都和大家一样，只给 5 元的打赏，这就是停留在普通人的阶段。

要敢于“冒出来”，比如连续 10 天，每天打赏 100 元，你绝对可以和你想学习的人取得联系。同时，取得联系之后，也不要把对方当作你的“谋臣”，什么个人化的问题都抛给对方，想用一个红包来粗暴地解决。你还是要把对方当作学习者，在对方的公众平台保持一定的互动。当有了一些有建设性和启发性的意见需要与人交流时，再私下与对方进行一定的交流，你就能利用这甚至不到一次大餐的钱，收获一个亦师亦友的好资源。

情感的力量无人能敌

我常常发现有一些人对“成功人士”存在误解，把成功的人看得太超脱了。

其实，一些成功的人，即便看起来非常理性，你也不要认为和他们的接触就只是陈述利弊而已。要知道，理性不等于没有感情。而且，高度理性本身就包含着感性，包含着对自己的接纳、对别人的体察。

给大家讲一个故事：星期天，一个穿着破烂牛仔裤和黑条 T 恤的年轻人，对礼拜很好奇，就赤脚走进了一座漂亮的教堂。

他并没有注意到周围的人都穿得很正式：男士身着西装，女士身穿套裙。他不知道该坐在哪里，就径直走到前面，盘腿坐在台前的地板上。这时，一个很体面的招待员走了过去。所有人都提着一口气，大家不知道接下来会发生多么尴尬的一幕，是要把这个年轻人赶出去，还是会当场起冲突？

出乎大家意料的是，这个绅士招待员走到年轻人身旁，脱掉鞋子，盘腿坐在了他身边。

在场的人都被这样的举动感动得泪流满面。这个招待员是懂得情感的人，他懂这个年轻人，也懂所有人的心意。他对一个陌生人的接纳，让所有人都感觉安心，他靠自己给整个环境营造了一种正直、温暖的氛围。

很多人在阅读这个故事时都感受到温暖和感动，人的情感是具有共性的，谁不曾有过无所适从的时刻?

我曾经接触过一位非常知名的喜剧创作家，他从喜剧创作的角度来研究人类的笑行为到底是如何发生的，以及笑的行为机制到底是什么。

他有一个有趣的分享。在喜剧的表达和表现中，他做过一些尝试，发现当一个作品的结局是不太光明磊落的人最后占了上风，哪怕他设计的场面笑料十足且抖包袱非常高明，人们看完作品，走出大门的时候，脸上的笑还是有点儿“拧巴”。他和其中一些人沟通，大家说，看完作品后，不知道为什么，心里总是有些不对劲儿和不舒服。

所以，我们要坚信的是，人心终归还是向善、向暖的。我们在和别人的交往过程中，无时无刻不需要管理自己的行为，要以真和善来打动别人，而不是以讲一些黄色笑话和爆粗口来暂时吸引别人的注意力。

在吸引别人注意力这个现象上，我常常感到大家过于着急的心态。有很多人问我：“第一面怎么做能给别人留下深刻的印象？”这当然是个好问题，但是这个问题之外，我们还要注意的是，哪怕留不下印象，也要有得体、适当的举动。

第一印象固然重要，但是坏的第一印象不如没有印象。拿销售这个工作来给大家举个例子，快速消费品属于冲动购买产品，像洗发水、牙膏、巧克力等。人们买这类产品的时候，通常不会进行深思熟虑。如果一个销售员的销售行为足够热心、热情，很有可能制造出一种很好的氛围，即便客户是第一次接触你，也有可能毫不犹豫地买下你所推荐的产品。但是，如果你所销售的是一件大宗商品，例如一辆汽车、一套房子，恐怕人们就不会轻易决定了，会进入一个理性分析的阶段，而且也会长时间地考察。

对于这部分商品来说，销售人员一定不要在一开始就给潜在客户太大的压力，以免引起对方心理上的排斥，也不要在第一次见面的时候就有一些浮夸的行为。

比如有的销售人员第一次见到顾客的时候，就快步上前，近距离推销。这立即就会给人很强的不舒服的感觉，虽然得到了顾客的注意力，但是别人也下定了决心“赶紧逃”。

正确的做法应该是，注意适当的距离，然后用脸部的微笑来释放善意。从销售的规律上来说，如果你要见这位客户，大概率上是三次以上才能成交的事情，就不要妄想一次成交。不按照规律行动，很有可能第一次就让客户关上了心灵的大门，并有可能永远对你关闭。

所以，大宗产品的销售人员，不能总把产品当作自己的孩子，拼命逼迫对方接受。要相信这个产品是客户的孩子，早晚要回到他的家中。产生这种自信、从容，你的工作才会游刃有余地开展。

人与人的交往也是如此。世界上没那么多与自己一见如故的人，人与人的接触需要时间。如果第一次见面你就给了对方很强的心理压力，让他产生了心理上的排斥感，再见面也很难有亲切的感觉。

我有一个很厉害的朋友，她是履历“鲜亮”的职业女性。她和很多号称自己完全是“理性派”的职业女性接触，总是敢主动聊孩子。她并不是不懂得界限，而是她知道如何亲近别人。她完全知道什么时候开始聊，并能注意适可而止。

利用你的故事联结他人

故事不仅仅是人们生活中的消遣和点缀，在以色列学者尤瓦尔·赫拉利所写的《人类简史》这本书中，有一个有意思的视角：人类是通过故事联结在一起的。当然，这本书里的很多观点并不强迫每一个人都认同，这是作者自己分析人类历史的一种方法，是表达一种个人的历史观。

书中有这样一部分内容，讲的是：人类语言的特别之处，是发展了一种八卦的工具。社会合作是人类得以生存和繁衍的关键。对于个人来说，光是知道狮子和野牛的下落还不够。更重要的，是要知道自己的部落里谁讨厌谁，谁跟谁在交往，谁很诚实，谁又是骗子。就算只是几十个人，想随时知道他们之间不断变动的关系状况，所需要取得并储存的相关信息量就已经十分惊人了。

人可以表达关于从来没有看过、碰过、耳闻过的事物，而且讲得像煞有介事。虚构让人类可以一起想象，编织出种种共同的故事。

共同的故事赋予人类前所未有的能力去集结大批人力、灵活合作，而其他物种的合作只能发生在少数熟悉的个体间。正因为如此，人类才一跃而居食物链的顶端。

在我们现实的交往中，八卦和故事几乎是人们生活中不可或缺的部分。

我们用生硬的语言创造人和人之间的联结，远不如用故事打动别人。如果你的故事足够好，你的话就会自动地走入对方的心里。怎样才能讲好故事呢?

第一，要明白讲故事的目的，是为了更生动地吸引他人，而不是为了欺骗和戏耍别人。

小张和小厉曾经是很好的合作伙伴。他们俩常常一起合作，谈下了很多不错的生意。

有一次，他们遇到了一个脾气非常暴躁的客户。这个客户不但脾气不好，而且还极有距离感。两人请他到高档餐厅就餐，试图与他走近一些。两个人介绍产品的时候，客户总是一副“在听又没在听”的无所谓状态。后来，小厉在上了一道很有名的招牌菜之后，开始拉家常，说起自己最想念农村老家的鱼。

客户听了之后，有了点儿兴趣。于是，小厉就利用这个契机与客户进行了沟通。小厉说了自己稍微有点儿苦难的人生经历：在农村出生，来到大城市如何让别人瞧不起，做业务是多么努力……说到动情处，小厉的眼里似乎有了点儿泪花。

小张是第一次知道小厉的背景，他想到这个天天穿名牌的人，从苦难出身到现在奋斗出来的确很不容易，还感慨每个人原来都有故事，当时很受触动。

客户更是被深深地触动了。这个性格古怪、捉摸不定的客户第一次被打动了。结账的时候，他坚持要自己掏钱。而且，客户还表明，会在第二天安排一个他的主管来对接这件事情。

小张第一次看到感情牌的厉害之处，不过他内心对小厉也多了几分同情。后来，在根据两个人的业务提成分配奖金的时候，小张也常常不动声色地多分给小厉一些。

几个月后，他们一起出差，小张突然发现小厉对农村的一些生活习惯是有些隔膜的。因为两个人都比较熟悉了，小张就随口说了一句："你还说自己是农村出来的孩子呢，怎么对很多事都不太懂？"

小厉说："我是在城市长大的，不是在农村。"小张说："上次我们和客户吃饭的时候，你说到自己是农村孩子。"

小厉突然笑了，用小张想不到的语气，狠狠地说了一句："你是说和王总吃饭那次，是吧？我查了查他的背景，知道他是从农村出来到大城市打拼的，曾经还闹了不少笑话。所以，我就给自己编了个故事，果然，起作用了。我家的生活环境一直不错，在大院里算是数一数二的好条件了……”

听完，小张心里特别不是滋味。后来，小张再也没有和小厉合作过。

多年后，小张听到小厉的一些传闻，发现小厉过得并不是太好。很精明的一个人，就是做不成事，家庭生活也不太幸福。

会讲故事，能从生活中提炼故事，和编故事欺骗别人是不一样的。就像计划和算计虽然听起来差别不大，但是对于行走社会的人来说，却差之千里：懂计划的人，拿到了好处却不被人生厌，而太喜欢算计的人，终有一天会被别人算计。

第二，把自己的经历提炼成故事，真实自有千钧之力。

很多做销售业务的人请我推荐一本书，我都会推荐《当场就签单》。这本书是日本一位销售奇才加贺田晃写的，书中提供了大量人与人之间交流的对话技巧。其中有一个故事很曲折，也很有代表性。

销售人士加贺田晃在20多岁的时候，卖了一块荒地给一个家庭主妇。后来，这件事情被男主人知道了，就在办手续的时候，男主人要求加贺田晃立即归还存折。

当加贺田晃赶到这家的时候，他听到了男主人的咆哮，男主人骂他是骗子、贼。整个公寓都是男主人愤怒的吼声。至于女主人，已经被打得浑身是血。

加贺田晃对眼前怒火并未熄灭的男主人开了口："先生，哪怕你打我，我也必须说两句。我是我家六个孩子中的老大，我爸在我刚懂事的时候就死了，我妈也有心脏瓣膜病，每天都因为哮喘卧床不起。身为大哥，我每天早上上山砍木柴、下海捞蚬子，赚的那点儿钱好不容易才把我的那群弟弟、妹妹供到中学。可以说，我比谁都知道钱有多重要、多宝贵。"

他用高过男主人的激情来讲述儿时的经历，这时候，夫妇二人开始安安静静地听他说话。他接着说："所以，我才必须说，这块土地，是足以保障孩子将来的土地！因为昨天只有太太一个人在家，我才只卖了一个人 50 坪。今天您也在，请您也买一份，两个人加起来是 100 坪，请问土地写谁的名字？"

听完了加贺田晃的话，男主人缓缓地回答："……写我吧。"

不但避免了退单，还实现了当场就签单。

值得品味的是，加贺田晃对这个事件的回忆和分析。他分析了自己为什么能够做到这一点，而其他人却做不到，因为大部分人一看这样糟糕的局面，肯定放下存折就跑。

让他下定决心的是，他看到了那个被打的女人。他知道，如果他放下存折立即走掉，那么这个女人在家里将会毫无地位，一辈子抬不起头。于是，他下定决心——不走了，必须把局面翻转过来。

他本身的信念是坚定的，讲的故事也是正直和感人的，所以他才能实现最终的全胜。

第三，要真正锻炼自己的共情能力。

要想讲好一个故事，不但要有足够强的深入挖掘自己内心的能力，做到真诚，还要有足够多的体会他人和与他人共情的能力。

我在《高情商聊天术》里讲过一个例子。我和一位很有分量的企业家陈总见面，他的助理不俗。他知道我们对陈总好奇，所以在一次聚会时，他讲了一个故事，让我们对他和陈总都有了很好的印象。

大家喝酒、聊天的时候，这位助理这样说道："我最尊敬的两个人：一个是我的父亲，一个就是陈总。陈总在我们企业没有资金，需要救命钱的时候，我看到了那么难的时刻，他没有一句怨言，他整个人的豪情令我至今都很受震撼。我的父亲是个普通人，但是他在一个很容易出现工作失误的岗位上度过了半生的时光，一直到退休，他从来没有出过一次差错。大家常说我工作很拼命，但是和我的父亲比起来，我觉得自己还是应该更努力。"

这段话既拉近了他与我们的距离，又让他的领导和他本人在我们心中的段位提高了，尤其是在这样的一个氛围中，真是恰到好处的一个故事。

到底如何送礼物

人情往来，送礼是人之常情。

正因为送礼物在生活中很常见，每个人都难免会这样做，所以要把这件事做得出彩是非常难的。

一般情况下，礼重情重。这里说的“重”，不但是价格上的，而且是价值上的。正所谓“千里送鹅毛，礼轻情意重”，轻的鹅毛因为千里来送而加重了分量。价值上的重，会增加情感上的分量。

那么，我们怎么把一份礼物选好、送好呢？

第一，送礼送金不如送心，最好是能送给别人他所需要的东西。

业务员小张接到客户的电话，原来客户临时要去趟泰国，需要用一下小张的车。因为两人比较熟络，小张就毫不犹豫地答应了。

根据小张对客户的了解，这个客户是第一次去泰国，而且客户不是个细心的人。于是，在开车去接客户的途中，小张买了些小物件。送客户到达机场后，小张取出了一个小包让客户带上。客户没多说，拿着东西就匆匆登机了。

后来，当客户从泰国回来的时候，第一个要见的人居然就是小张。原来，小张给客户带的东西有风油精、诺氟沙星、创可贴等外出旅行的必备物品。在关键的时刻，就是这些小物品帮了客户的大忙，小张成了客户眼中的救星。小张和客户的关系直线上升，顿时由熟人的层面进入信任的层面。

再举个例子。除了实物，注意力和时间都是稀缺资源，当你能为对方节省时间，或者为对方节省心力，都是一份礼物。

老张有一个工作伙伴王女士，王女士平时看起来是一个理性派。

有一天，王女士知道了老张孩子的生日，提前三天就和老张约定，当天“跟她走”。那一天的安排非常精彩，王女士深知老张是一个工作狂，根本没有任何娱乐的经验，而老张的爱人也总是“飞来飞去”，家里平时都靠保姆打理。

王女士有两个孩子，都已经中学毕业了。她清楚地知道老张的孩子在这个年龄段喜欢玩什么、去哪里好玩、怎么安排时间，以及孩子玩的时候，大人可以做什么。王女士还帮一家三口拍了不少温馨的照片……

后来，老张桌子上摆着的全家福照片，就是王女士帮助拍摄的，这样的小物件远胜于千言万语。

第二，送生活的梦想给对方。

这种情况可以不选择对方需要的东西，但是你需要有超前的眼光，引导对方的需要。

我有一位女性朋友，她特别擅长处理自己和女下属的关系。

她有一名非常能干的女下属，大学毕业后给她做助理，现在已经完全可以独当一面，被分配做公司一个部门的主管。

无意中，这名女主管讲起了她和我这位朋友之间发生的一件事情。

女主管刚大学毕业的时候，就因为专业对口、成绩优异来到这家公司实习。因为她的老家在偏远的小镇，所以她读大学的时候和大城市的同学在一起就很自卑，因此性格很内向。因为穿着没品位，大家逛街的时候都没有带她。

她第一天来公司的时候穿了一条过时的红裙子，公司的女同事看到后都没有说什么，却与她有了一定的距离。

内心敏感的她很快就感受到了大家的疏远，她想实习一结束，领了工资就走人，以后也不来这家公司工作了。

没想到的是，临走的时候，她的女领导——我的那位女性朋友居然单独送了她一份实习礼物。

这份礼物是一瓶非常名贵的香水，价格超过了她一个星期的实习工资。她的女领导说："我不想对你说那些大套话，实实在在地讲，在这个社会上生存，不但男人需要光环，女人也需要光环。只要你努力工作，有了光环的你就会有魅力。这个香水就应该属于你，将来你也会成为所有人眼中的白天鹅。"

这番话女主管一直记得清清楚楚。也因为这一点，她留在了这家公司，忠心耿耿地跟随女领导，将事业发展了起来。

更有意思的是，如今的她当然买得起名贵香水，但是她说，她永远都不会忘记人生中用的第一瓶名贵香水是谁送的！

第三，送礼是为了避免遗忘，来增进感情。

当你没有那么好的礼物可以选择时，不妨增加你所送礼物的关联性。

例如，你第一次送的礼物是茶具，那么下一次你可以选择和此相关的礼物，例如茶叶。再下一次还可以围绕茶的主题，送精致的茶点等。

通过这么强的关联性，你的礼物也具备了一定的特色。对方一喝茶的时候，就容易想到你的周到、送礼物的连贯性。

当你的礼物和对方发生关联的时候，送礼送到了对方的心坎上，交往就不再是建立在两个人的地位或权利上的了，而是基于相互的尊重与关心，这会带来关键性的转变。

要提醒大家的一点是，送礼要送得好，就不能临时抱佛脚。

凡是有生活乐趣的人，在挑选礼物和送礼物的时候总能给人以惊喜。所以，这就提醒大家，不但要忙碌地工作，同时也不要忘记生活。

只有不断发现生活中的新乐趣，并且与周围人分享并感染他们，才能懂得生活。如果一个人能一直发现生活中的乐趣，如找到新的茶楼或咖啡馆、旅游、读到好书、认识新朋友，让生活一直有新鲜感，不断地提升自己，交际能力就会随之增强。

引导别人信任你

别人对你的信任感是需要你引导的，首先要做到：多展示拥有的，少说没有的。

这是利用了马太效应。关于马太效应有一个故事：

国王远行前交给三个仆人每人一锭银子，吩咐他们："你们去做生意，等我回来后，再来见我。"国王回来后，第一个仆人说："主人，你交给我的一锭银子，我已赚了十锭。"于是，国王奖励了他十座城邑。第二个仆人报告说："主人，你给我的一锭银子，我已赚了五锭。"于是，国王便奖励了他五座城邑。第三个仆人报告说："主人，你给我的一锭银子，我一直包在手巾里存着。我怕丢失，一直没有拿出来。"

于是，国王命令将第三个仆人的那锭银子赏给第一个仆人，并且说："凡是少的，就连他所有的，也要夺过来。凡是多的，还要给他，叫他多多益善。"

现在，马太效应被人们广泛地认知。简单的理解就是，所谓"强者越强，弱者越弱"，一个人如果获得了成功，什么好事都会找到他头上。

人脉也是如此。人们倾向于把资源给拥有资源的人，也愿意帮助那些本身有一定能力的人。

当然，马太效应谈不上是好是坏。对于没有资源的人来说，你过去有多么默默无闻，并没有太多人关心，人们关键要看你现在在做什么，你的未来有什么样的可能性。要学会乐观地看待自己，你的杯子盛了半杯水，你描述这个杯子是半满，还是半空，取决于你是否乐观。

对于一些有社会资源的人来说，要学会合理地展示自己的优点。社会是现实的，那么，当你向别人介绍自己的时候，会如何描述自己现在的状况呢？

你说自己的性格如何，固然很真诚，但在别人看来，性格是难以捉摸的，他们还是感觉你的介绍很空、很虚。

人们容易犯，也很难避免的一个错误就是，常常把对方拥有的东西，等同于对这个人的认识。

例如，如果你随意地说自己拥有一辆昂贵的车，这个车的意象就会进入对方的脑海之中，将你和这辆车联系在一起。

这并不是说人们势利，而是这辆车往往会让对方更了解你客观的生活状况。这辆车还有一个很大的作用，就是它可以直接提高别人对你的信任度。太多人吹嘘自己如何富有，我们如何分辨呢？这辆车就是一个客观的证据，增强你话语的可信度。

除了物质上的包装，任何时候，我们都要努力展示最好的身体状态。

曾经有一段时间，我特别疲劳，整个人都显得没精神。看着一沓的机票、火车票，我更觉得自己有理由没精神。

有一次，在见到一位任何时候都很有气势的企业家时，我实在没忍住，我问他："您是如何保持这么好的精神状态的？"

他笑了笑，问我："你觉得我的精神状态好吗？"

我说："当然了。"

说完，我就有点儿后悔了。我分明看到他眼神很明亮，但是眼睛里明显有红红的血丝。

他说："我已经连续一周，每天都没睡超过五小时的觉了。"

我说："那您为什么会有那么好的精力接待那么多人？"

他笑了笑，说："一个人必须有好的势头。因为人很奇怪，当你精神萎靡的时候，别人好像觉得不批评你几句都不行。相反，你精神抖擞的时候，别人一接触你，就会愿意接受你。我们没必要养尊处优，才有好的精神状态。创业公司就该如此，任何时候，都是最好的身体状态。”

听完他的话，我很有感触。也许我见他之前，准备的那些问题都没有太大的用处了。因为我的疲劳让他不会打起精神回答我的问题，而他的神采奕奕，让我的思维跟着他跑了起来。

对于现在的很多人来说，这个案例同样很有作用。我们现在常常感觉自己一直在吃苦，其实未必是真的吃苦，往往是看到别人吃螃蟹，我们一看自己碗里只有青菜，就觉得是在吃苦，实际上离真正的“苦”很远。

不必总觉得要让身体恢复到一个什么样的程度才是一个良好的状态。你可以今天不见某个人，但是到了你们相约见面的时候，你就应该带着好的精神状态一起上路。

别人对我们产生信任的感觉，有时候的确是感性和盲目的，正如有句话所说的：“人是感性的动物，只是偶尔理性。”

我刚到大城市发展的时候，老家来了一位校友。校友带了很多家庭条件不是特别好的同乡，想来北京找点活儿干。

他当时找到我，我问了一圈人，的确是帮不上什么忙。

我内心有些过意不去，于是就带他们去一家特有名的餐厅吃招牌菜。

当时花了不少钱，结账时，大家没想到这么多，都不想让我一个人掏钱，于是纷纷表示愿意自己出钱付账。

他们不赚钱却要花钱，我实在不忍心，于是就赶紧说："不用担心我，我认识这家店的老板——"我没有再继续说下去，大家也没问。会意之后，他们马上就不抢着付账了，这也是我愿意看到的。

其实，我的确见过这家店的老板一两面，不过不熟，所以我也没有说后面的话，但是大家以为我省略的话是，我因为有关系、能打折，或者少花钱。

那一顿饭，基本上花了我半个月的工资。后来的半个月，我都是在很窘迫的状况下度过的。

有意思的事情发生了。有的老乡回老家之后，不但描述了我的盛情款待，更重要的是，还讲了我如何有本事，与大餐厅的老板都如何熟悉，如何吃饭都不用花钱……

就这样，有个生意人通过这些描述找到了我，问能否介绍他与这家餐厅的老板认识一下，他想提供一个有特色的当地土特产的低价供货。

没办法，我只能硬着头皮上，没想到很顺利地把老板约了出来。

更妙的是，两个人的生意居然谈成了。此后，我就真的成了这家餐厅的贵宾，吃饭真的可以打折了。

这件事情在我的经历中算不得大事，却让我很真切地体会到：别人的信任并不是全靠他理性分析得来的，有时候，你给别人营造的感觉好了，你的机会自然就会多起来。

失败之时即逆转之时

一个人的能量或者一群人的能量，都是在克服困难中逐步上升和提高的。

朋友的弟弟让我帮助介绍一份工作。朋友知道我认识一位非常有名的销售高手，现在是一名很有威望的销售培训讲师，他想让我帮助介绍认识。

我问了一个问题：这个年轻人未来的发展方向，是希望向培训方向发展，还是希望做销售？

朋友明确地表示，想要通过跟这位老师学习，直接成为销售培训师。

通过我来联系这位老师的人很多，所以我直接就回复了朋友：这位老师的个人经验是，只有具备了非常丰富的销售经验的人，才能跟随他学习销售技巧。

因为对于销售这个岗位来说，无论是跟单、控单，还是赢单，都需要在实战的挫折中一步步走出来，才能真正地长出对这个行业的理解能力和敬畏之心。

这位老师讲到，有一次他去培训电话销售，有学员当场叫板：“老师，我有一个客户搞不定，现在我打他的电话，靠您了……”

当场，这位老师见招拆招，不但化解了危机，还赢得了所有学员的信服。

他自己也是靠销售了几十个行业的产品，通过不停的反思和学习，才有了现在的成就。

我想，每个人的事业精进，每个人的人际开拓，每个人的自我成长，也许都需要逆风时刻的坚持才能有所得。尤其对于与人交往来说，当我们发生不如意的事情时，一定比我们春风得意之时凝聚的目光更多。所以，失败的当下，你的做法有时候能瞬间改变你的处境。

我们如果不被情绪干扰，很多时候，方法就能自动跳出来。重要的是，屏蔽情绪干扰，这当然不容易做到，所以如果能做到这一点，就更能征服他人。

做到这一点，要首先认识到，失败是什么。在我看来，在漫长的人生中，在无常的际遇中，失败不是事实，而是一种看法。

有位小徒弟跟着一位铁匠师傅学艺。学成后，小徒弟要出师了，他开始了出师前的独自工作。第一个月，他为三位不同的客户各打造了铁器，小铁匠做得很用心。

他的第一位顾客是一位侠客。侠客拿到利剑后，很不高兴地说："这把剑太沉了，我要退货！"小徒弟听了之后，不知道如何应对。这时，师父进来了。他说："您是一代大侠，剑重方显武艺高强。"侠客高兴地付了钱，然后带上剑离开了。

第二位顾客是一个屠夫。屠夫拿到刀之后，很不满意地对小徒弟说："你给我打的刀太小啦，要拿它来砍骨头，使不上劲儿！"小铁匠又无法接话，师父说："技能高的师傅，宰牛的时候讲究技术，从缝隙入手毫不费力，这把刀就是为您这样有技术的人打造的。打造得太沉了，您使用起来手臂反而容易发酸。"屠夫连连点头，然后把钱付了，带上刀离开了。

第三位顾客是个年轻的樵夫。只见他一进门来就问小铁匠："你怎么打一把斧头就用了这么长时间？"小徒弟脸憋得红红的。师父连忙笑着说："慢工出细活嘛！这把锋利的斧头包管您一天劈一大堆木头！"樵夫马上转怒为喜，满意地买走了斧头。

生活总会有不如意，况且，一个小小的不如意，只是整个事件的 10%。

有这样一个故事：一位男士在洗漱时，随手将自己的高档手表放在洗漱台上，妻子怕被水淋湿了，就随手拿到了餐桌上。

儿子起床后到餐桌上拿面包时，不小心将手表碰到地上，手表摔坏了。

男士喜爱这块手表，就照儿子的屁股揍了一顿，然后黑着脸骂了妻子一通。妻子不服气，二人斗起嘴来。

一气之下，男士的早餐都没有吃，直接开车去了公司。快到公司时突然想起忘带公文包了，又立刻返回家里。

可是，家中没人，妻子上班去了，儿子上学去了，他的钥匙还在公文包里。他进不了门，只好打电话向妻子要钥匙。

妻子慌慌张张地往家赶时，撞翻了路边的水果摊。摊主拉住她不让她走，要她赔偿，她不得不赔了一笔钱才摆脱。

他拿了公文包到公司时，已迟到了 15 分钟，挨了上司一顿严厉批评，他的心情坏到了极点。

下班前又因一件小事，他跟同事吵了一架。

妻子因早退被扣除了当月全勤奖。儿子这天参加棒球赛，原本夺冠有望，却因心情不好而发挥欠佳，第一局就被淘汰了。

在这个故事中，手表摔坏是其中的 10%，后面一系列事情就是另外的 90%。

当我们面对不如意时，要知道，所有人并不会比你更了解和关心其中的细节，所有人也不敢百分之百清楚你接下来会怎么做。

所以，我们先要处理好自己和自己的关系，别人怎么看我们不重要，我们要坚定地相信自己。别人不仅会判断你的输赢，还会通过观察你是垂头丧气还是精神抖擞来断定你是精疲力竭还是游刃有余。

这决定着接下来大家对你的投入。

一个人不可动摇的决心，会让别人毫不犹豫地支持他；一个人的精气神，可以让糟糕的事情出现转机。

有个姑娘小黄，上大学的时候家里破产了。如果借不到足够多的钱，她是无法去上学的。当时，她的父母几乎是得不到亲友们的支持的。

她振作起来，并没有挨家哭诉自己的悲惨，而是采用了一种“报喜”的形式，挨家去告诉亲人们她考上了大学，她会靠自己的独立和发展，把家族振兴起来。

纵然大家知道她有些硬撑，但还是被这个女孩的精神所感动，然后纷纷帮她凑齐了学费。后来，她通过自己的努力，真正实现了当时的诺言。

如果一个人能够扛得住失败之时的压力，并懂得反省和调整，他周围的人就一定会越来越多，而不是越来越少。

一个经历过成功和失败的人，说话的时候才更有底气，也会更容易被人相信。

在杨德昌导演的电影《麻将》里，有这样的台词，大意是：“这个世界上，没有人知道自己到底想要什么，他们就等着别人来告诉他们。所以，只要你用很诚恳的态度告诉他，他想要什么就对了。”

对未来的想象力决定了你对自己设计的未来的可能性，对未来的可能性和信心，决定了你当下能否熬得住，而当下能否熬得住决定了此刻到底有没有人站到你的身边。

想要别人靠得住，先要自己站得住，你才能成为更强大的自己。

第三章

对抗与平衡：以万变应千变

打开秘密话题的方式

关系里的对抗常常是很多人最头疼和最想回避的，所以有些人看起来很受欢迎，但是他们内心之门并未打开，甚至是封闭的。只有不怕对抗，敢于应对人际关系的挑战，能够懂得在对抗中平衡住关系的人，才能够成为真正的情商高手。

通常，人们面对对抗的关系会有三种做法：回避、逃离、迎上前。回避和逃离会导致内在自我的不成长，一直停留在交往的舒适区，只能交往一类人，接受一类信息，处理同样的事务。这样的人在工作中容易做“管事”的工作。

只有迎上前，子弹才能落在身后。从工作的角度来说，相当于“管人”的工作。只有迎上前，才能获得成长，有更大的空间和更好的收益。

如何迎上前，需要好的心态和方法。从心态的角度来说，当你面对的人有各种问题的时候，你要明白的是，不恰当的期望，会带来无限的苦恼和伤害。对别人过多的要求，本身就是不现实的，人本身就是有各种缺点的，没有人能够事事如意。

哪怕对方说话时漏洞百出，或者处理问题的方式非常不妥，但是你们之间发生关联是必然的。你可以指责对方，但问题是两个人的。你要与对方合作，要克服自己的抵触心理，就需要找到正确的方式。

在心态上，你可以将“不得不”，变成“我选择”。

比如，要去见一个很强势的人，你如果告诉自己“我不得不见”，你就会很被动。见到对方的时候，这种消极的心态必然引发消极的行为，消极的行为肯定会带来消极的结果。

但是，如果你理性地分析“我见他的目的，是为了解决问题，我的目标就是要让他给我机会……”你反而会跃跃欲试，至少你懂得了为自己的生活和交际负起完全的责任来。这种自己成为自己主人的心态，是一种担当和成熟。

当你有了决心，很多方法都是可以学习和随之而来的。比如，我们和对方分享自己的秘密。人的平衡性是当他听了你的秘密之后，会忍不住说一点儿他自己的秘密。当两个人能够交换秘密时，关系会自动前进一步，有可能削弱对抗性，而不像以前那么冰冷和生硬。

多年前，当我去拜访一个大人物时，使用过“交浅言深”的一招。

他是出了名的强势、不可一世，但也的确有骄傲的资本：此人多年旅居国外，业务精通、熟练，战略布局高瞻远瞩。

在我们沟通比较愉快的情况下，我邀请他一起吃饭。看他想要拒绝，我赶紧说不是随便找地方吃饭，而是选了一家新开的餐厅，口味相当不错，座位也不好订，可是我已经订好了一个安静的便于交谈的独立包间。听我这么一说，他很爽快地答应了。

到达餐厅之后，大人物从办公室的环境一脱离，脑袋上权威的光环就小了许多，但我对他还是很尊敬。

吃着，聊着，喝了几杯。我主动说起了自己的一段经历：早年，我去一个陌生的城市出差，要完成一个看似不可能完成的任务。当时，也的确是人生地不熟，自己一个人每天都不知道吃什么，也不知道要攻克的任务什么时候会出现转机，将在这个地方出差多久……

当时，缺乏交际意识，没有人可以倾诉，三餐几乎都在某个知名的洋快餐品牌店里解决。去那里吃饭的人都是来去匆匆的，从不交流，匆匆吃完，各自上路。

虽然当时还是完成了工作任务，但是只要一提到那家洋快餐的名字，我就会有一种特别说不清楚的心情。

大人物听着，突然开口说："我能理解。"

紧接着，他就说起了自己在国外的一段隐秘生活，我听得出来，他说的都是真的。

此次晚餐结束时，我和他的关系增进了很多。

第二天再见到他的时候，我发现他有些不自然，因为他显然意识到自己昨晚"说多了"。

可是，既然隐秘的事情说出来了，他所表现的气质中，藏着掖着的部分就少了，整个人也就变得平常了一些。

我认为，当时一起吃饭过程中的信息交换，是我与他接触的一个突破口。他头上的光环变小了，至少在我面前，他从一个不可一世的人，变成了一个也有喜怒哀乐的普通人。他对我后期的工作提供了不少帮助。

人与人的交往，很大程度上不取决于见面、认识时间的长短，而是要看人与人之间聊了什么、进行了什么内容的谈话。

大部分人说出自己的秘密时，往往就控制不了人和人之间的距离了。

使用这个方法的根本目的是让我们在接触一些人的时候，不要毫无主张，只会敬而远之，而是要迎上前，这样才能收获更多的体验。

不过，生活中还有很多人恶意利用这个规律操纵别人，所以有人上当受骗，而且还是被刚认识不久的人骗了。

例如，一位女性把自己家庭生活的不如意告诉另外一个女人，也许她是不小心说出来的，但是在成人的世界里，大家都是以成人的标准来评价别人和自己的，所以，当她说出这一切时，就会被认定为她已经把对方当作非常要好的朋友了。

而人性中，又有“承诺一致”的心理（就是人们不愿意让他人认为自己前后行为是不一致的）。当这位女性已经超越了说话的界限，和对方感觉好像已经成为朋友的时候，就给自己挖了坑：当对方请她买点儿保健品，请她帮个忙，向她借点儿钱的时候，拒绝是一件困难的事，于是……情况会越来越糟糕。

年轻人小范就是这么被同事忽悠的。她同事偶尔对她聊起自己的情感经历，小范觉得对方很拿自己当朋友，于是就说了自己的秘密。小范的秘密是她暗恋的人是自己的领导，而领导是已婚人士。

刚说出这个秘密，小范就后悔了。果然纸里包不住火，此事慢慢传开，产生了很不好的影响。小范最后离开了公司。

处理这件事情，小范错在交换了不平等的信息。不管同事是无意交换还是有意设计，在本质上，小范应该从自己身上找原因。当和同事聊天的话题从工作转移之后，小范应该有能力打断话题的延伸。

打开秘密话题的正确方式到底是什么？就是要意识到人和人之间只要开始对话，就进入了一个对话系统。进入某个系统时，要有自己的话题，而不能随着对方的话题走。这就像一些明星为什么反感和记者聊天，因为进入记者的提问系统中时，他们就一步步走进了记者提前设计好的问题中。无论他们怎么回答，记者都能够按照自己想要的东西写出一篇报道。

谁设计话题，谁就有控制权。不要进入别人的语言系统，有时候要主动打断你不希望继续进行的话题，“维护”自己的思想。这让你不会轻易对别人说出自己的秘密，也防止你被自己说出来的话套牢，自己挖坑自己跳。

人际交往中，正式的场合一般不会出现越界和透露秘密的问题，只有在非正式场合，与同事私下在一起的时候，才会出现问题。据我长期对职场的观察，大部分职场人私下是不愿意和同事一起过多地参与休闲活动的，只有公司组织集体活动的时候，大家才被迫增加与同事的信息交换。

公司组织集体活动对于拉近同事之间的距离非常有好处，可是对于个人来说，为了不在这次活动中过多地透露个人信息，造成和同事交往的压力，在这里，我提供一个好的方法：白天可以和同事聊心情、聊天气，晚上过了11点，最好闭上嘴巴睡觉。

因为过了 11 点，人的意识就不受控制了。如果没有准备好可以交换的假秘密，你就会不自觉地把自己的心里话说出来，不论你对眼前的这个人是否有足够的了解。

起身就走，远胜千言万语

我们在处理一段关系的时候，知道关系的底线就是相处的底气。人与人之间当然可以采取多种方法来维护关系，但有时候，发生决裂时的坚持往往并不是为了决裂，而是为了再发生关联。

在对抗和平衡的艺术上，我们先来谈如何更好地维系和平衡。《伊索寓言》里有这样一个故事：铁罐和瓦罐是朋友。有一天，铁罐对瓦罐说它想出去，到大街上走走，问瓦罐愿不愿陪它。瓦罐说：“我不想走出家门，因为外面的世界很复杂，我在自己的家里自由自在。”铁罐鼓励它：“你应该走出去看看外面的世界。”

瓦罐说：“你是铁的，皮很硬，不会碎。我出去磕磕碰碰的，一会儿就碎了。”

铁罐说：“不用担心。如果有什么硬的东西来到你面前，只要我挺身而出，你就安然无恙了。”

瓦罐听了之后，觉得非常放心，就和铁罐手挽着手上路了。

它们都有三只脚，走起路来摇摇摆摆。只要有一丁点儿磕绊，两个罐罐就会碰到一起。瓦罐感觉太委屈了，简直就是活受罪。

最后，它还没来得及开口抱怨，就碎成了一片。

很多人遇到问题向我咨询时，我都会想起这个故事，讲给他们听。

无论是亲密关系，还是同事关系，只要是合作关系，都容易出现这样的问题：两个人的能力、经验、素质不太匹配的时候，外界的压力还没到来，其中一方就已经被另一方伤害了。

打铁还须自身硬。

为什么我们想去认识别人，而不是别人想来认识我们？

与其你去找他，不如让他来找你。每个人都有自己的独特性，要学会把自己的能量发挥出来。自己有了光环之后，就可以吸引到关注你的人。有些人一直在烦恼为什么他人看不到自己的“光圈”，原因其实很简单，关键就在于你自己要先做成点儿事情，把自己的“光圈”擦亮，用自己的专业来传播自己。只有这样，才能焕发出自己独特的光芒，吸引众人的眼球。

对于职场人来说，要靠专业的实力打动别人，而不是用一些流行的技巧，例如，只是向对方展示一些看似漂亮却并不适用的 PPT 或者 Excel，这是无法让别人信服你的实力的。

正如一些明星的复出，他们不断地制造一些绯闻和话题，这样做是本末倒置。正确的方法是，让别人关注你的想法、你对这个世界表达的东西，关注的人中会有你的铁杆粉丝，他们不太会关注你的私生活——那些随即被快速遗忘的事情。

我们想要做好关系里的平衡，意味着要把自己变成能与对方匹配的人。要对自己提出更高的要求，以一个优秀的人的标准来要求自己。

有了平衡，就有了起身就走的底气！

当关系已经发展到超越你的内心界限的时候，你要知道，千言万语的表达都不如起身就走。这是真正的态度。

老李在中间人的推荐下，要去见一个卖某种生产设备的人。从某种程度上来说，对方的选择空间更大，因为对方属于临时起意，要处理掉设备，而且的确是要价不高。

老李邀请自己的老朋友老张陪同前往。

在办公室等待的时候，老张看到老李患得患失，就怕不能够按照原价购进。老张给了老李一条建议："这次你这么紧张，证明对方的要价确实不高，所以你要提防涨价的可能。万一出现涨价的情况，你不要说任何话，只要记住一点即可——起身就走。"

老张的建议是有效的，老李太想要对方的设备了，"太想要"是谈判的劣势，但毕竟占了第一个来谈判的先机，这天然具备了一定的优势。只要洞察情况——对方也有劣势，只要能到谈判桌上面对面，就意味着己方一定是有机会的。

后来，谈判异常顺利。对方有燃眉之急，甚至主动降价，促成当场成交，也并未发生任何突发情况。

老张教的谈判技术，老李并未用上，而且很快就忘记了这条原则。

直到过了一段时间，老李有一次自己要卖一件高价值产品的时候，因为他忘了这一条重要的谈判原则而损失了不少的一笔钱。

事情是这样的，老李听到对方的报价之后，去和对方见面，但是对方一坐下来，就开始找理由压价，老李却没有“起身就走”。因为没有这样一个信号，所以老李在复盘这件事情的时候，发现仿佛自己一定要卖掉产品的决心被对方捕捉到了，对方把他“吃”得死死的，导致最后的成交价远远低于他自己的计划和期待。

老张的这条谈判原则并不是空穴来风，而是他从朋友那里学到的经验：有一位做销售的朋友，做销售虽然没有几年，但是特别善于总结，业绩完成得非常好。他有时候对老张开玩笑说自己是一名演员，只是他演得非常自然，演的也是自己内心真实的想法。

他在业内脾气不好是非常出名的，谈判超过三次，朋友经常就会“起身就走”。有意思的是，“起身”之后，用不了多久，有的项目就会火速上一个新台阶，很少有公司因为他“起身就走”而拒绝和他合作。

这个朋友是一位数据控和理性主义者，他研究了自己的策略，无论一开始他给的价格有多低，对方的采购总会感觉不满意，基本上都要谈上多次。朋友流露出不耐烦或者烦躁情绪的时候，对方才能够对价格或者其他方面的问题做出一些让步。

这对朋友的启发特别大，整个交往的模式被他想明白之后，他决定采取策略来降低自己的时间成本。

于是，他第一次见面谈的价格不会虚高。谈上三次后，如果对方再不为所动，朋友就会有要“起身就走”的意思了。这是自然的情绪，是给对方的压力，也是朋友一种非常好的策略。

现在，他谈业务，基本上沟通三次就成交了，而且他的这种方法并没有给他带来任何负面影响。那些采购者，觉得朋友敢起身就走，一定是把价格压低到极限了，因此大大提高了成交率。最后，客户给朋友的一句评价是“真是个有血性的人”。

这是商业谈判的一种策略，也是人与人之间互相观察和评判对方的某种规律。记住，不管你多想要什么，你热切的眼神只是赢得好感的一方面，而你拒绝的坚定态度，则是赢得尊重的“另一面”。

妥协是高水平的艺术

起身就走，与妥协并不矛盾，那就是我们对真正的对与错的判断，以及对自我与他人关系的反思。

我年轻的时候，感觉自己脑子转得快，常常在说服他人的过程中，让对方哑口无言。总是以为自己又成功地拿下了一个客户，或者又成功地说服了一个人，很有成就感。

直到有一次，我在酒桌上搞定了一位大老板。当时，他拍着胸脯给我做出承诺，说一定能满足我的要求。那天，我的心情非常好。

没想到的事情发生了：第二天，这位老板把一笔业务转给了他的一个手下全权负责。而他的这位手下完全没有按照我和老板约定的条目进行，这让我非常生气。

我去找这位老板，他支支吾吾，说“手下人不好管”。可是没过几次，他就不接我的电话了。一笔业务就在磕磕绊绊中进行得很艰难。

这件事情给我的刺激很大，让我意识到很多事情不能只靠“术”来征服别人，还要有“道”的支撑。

口头上说服别人是容易的，得到别人口头上的承诺也是容易的，可是当我们不能合理地给别人提供价值的时候，即使别人碍于情面勉强答应了，到了后续，他们也会因为内心的不满意而使事情产生变故，让事情变得复杂。

人与人之间除了要有拒绝的底气，还要懂得这是一门妥协的艺术。要兼顾双方的利益，才能做到平衡。该妥协的时候妥协，尽量不要逼迫别人勉强答应他本来不想做的事。合情合理才不会导致前期承诺容易，后期执行的时候繁复无比，让自己措手不及的状况。

合作的过程中，不相信同事是不行的。像我以前常说的那样，不放心把自己的后背交给战友，就打不败眼前的敌人。当然，任何事情都要适度。如果需要小心戒备的时候，你自恃与战友关系好，不小心踩雷，你的战友一定会背着你前行吗？不要轻易有这种勇气。

我有个朋友，接管了一个分公司。他做事颇有些江湖气，雷厉风行，他的下属都很信服他。

有一天，他开除了一个不合格的员工。这个员工居然给总公司写信，信的内容有的是无中生有，有的是添油加醋，把朋友检举了一番。

其实，朋友的业绩有目共睹，可是正因为他的能力超强，平时不懂得收敛，所以有小人作祟。公司的大老板居然找人来朋友这里调查情况。

事情发生后，朋友和我一起吃饭时有些郁闷。我特意让他提高警惕，该做下属的工作就得马上做。可是，朋友说："这种事，没关系，我手下不用嘱咐也知道该怎么说。"

他说这番话的时候，我起初以为他要么是在我面前嘴硬，要么是还没有重视。我本想和他多说几句，但还没来得及强调事情的重要性，他便有事匆匆离开了。后来，我把这件事忘在了脑后，可是一个月后，朋友被降薪了！

他一脸郁闷地来找我，问我为什么当时就预感到事情不对劲儿。我对他说："第一，离职的员工说老板的坏话，虽然这种事很不道德，但是很常见，谁都容易理解。那么，为什么上面还专门找人过来调查？一定是有小人添油加醋，才导致这样的结果。第二，总公司来的人的心理是这样的：他们来的时候毕竟是带着任务来的，本意上他们希望查出点儿什么，证明自己确实没白来，证明他们投入工作了。但是，如果你会做人，稳定住周围的人的心，他们自然会空手而回。第三，你的下属是个很大的问题。当有人随便说你坏话的时候，凭你的能力，谁也不敢附和。可是，上面不支持你了，他们不知道风往哪里刮的时候，就会有不同的人出于不同的目的来算计你。”

看到朋友很烦心，我告诉他：“现在的这个错误犯得很及时，早解决想不到的问题，就不会在出大错时收拾烂摊子。此刻知道工作中的关系以利益为先，一切没那么牢固，以后可能自然就会站得牢固。”

这些话让朋友从愤怒中慢慢抽离出来，我接着帮他分析：总公司还是信任他的能力的，因为降薪这件事情并没有动摇他的根本。但是，如果是降职，那就麻烦了：一定会有人希望借这次机会自己顶替他的位置。如果有了这么大的利益驱动，一切将不堪设想。

我们都追求“在职场不被轻易替代”，这完全可以成为我们未来发展的目标，但不要误以为凭自己的能力，已然具备了不可撼动的地位。

其实，没有任何人不可以被替代，“小心防备”比“以身试雷”好得多。

和客户的关系也是如此。有的时候“拿下”客户，不如妥协。放下这个客户，放下你的功利心，对客户说“这不适合你”。

你在拜访客户的时候，你会筛选客户吗？大部分人都急于成功，急于结交成功人士，可是在这个过程中，他们往往容易忘记筛选客户。

要知道，适合自己的，才是最好的。有的客户虽然很富有、很有实力，但是他不适合你，那你就应该学会放弃。还有的客户在选择合作方的时候，态度是不成熟的，属于不明白自己要什么的人。

就品牌的问题，我和一个做过多年品牌的朋友交流过。他认为不论做什么品牌，先找到有价值的客户是最重要的。

何为有价值的客户？有价值的客户就是不会因为价格的原因而放弃这个品牌。也就是说：你降价，他会购买，因为他认可你；你涨价，他还是会购买，还是因为他认可你。

我总是提醒那些为伺候不好客户而发愁的朋友：不要担心，有的人也许本来就不是你的客户。一个人的精力是有限的，在某一段时间内，他所能服务的客户是有一定数量限制的。当一个人把不属于自己的客户放到自己的篮子里时，意味着要挤压那些真正有价值的客户。

所以，这个世界上有太多的人，也有海量的信息，你要准确地判断你适合哪一类人。如果找不到这群人，你就无法有的放矢。

那么，当那些不是你客户的人来找你的时候，你该如何做呢？如果足够有判断力，你会不会有勇气说："对不起，这个不适合你，因为……"

如果你敢这么说，那么恭喜你，看似你妥协了，放弃了一笔收入，但这何尝不是一种以退为进？当你放弃这个本来不属于你的客户，就有可能真正地征服他，他有可能给你介绍真正的客户。

摸清他人的真实意图

在哈佛大学谈判项目组推出的《高难度谈话》这本书中，有一个很有意思的例子，大意是：罗里很关心她的阿姨，这位阿姨常年都睡在很破、很旧的床垫上，拒绝家人给她换新床垫。于是大家说，她已经失去理智了。

对罗里来说，她很在乎她的阿姨，于是她采取的方法是我们大部分人在与人产生矛盾的时候，都会做的事情——用强大的意志力去执行自己的想法。并且相信，只要阿姨试过了新床垫，一定会发现那是多么舒服。

但事实上，阿姨认为罗里是一个很难相处的人，因为她保留床垫的理由没有被充分倾听："这张床垫伴随了我和老公整整 40 年，这里面是有感情温度的。"

书中有很深刻的一句推理：保留这张旧床垫意味着留住了她仅存的一点儿对生活的控制权。人与人之间发生误解，往往是因为好意未必真的符合对方的心意。

很多时候，我们常以“为你好”为由，干涉、干扰别人，引发矛盾而不自知。

我在十多年前做记者的时候，有一次，一个曾帮过我的大学同学找我帮忙。他想要做一个推广活动，问我能不能找几个朋友过去帮忙，我说当然没问题。

我尽心尽力地帮他筹划这件事，替他联系好了不少资源。他上午给我打的求助电话，我下午就给他回了电话。我从电视台到报社，把我能找的人都找了。

当我告诉他已经搞定的时候，他很吃惊。当我告诉他有多少资源的时候，我似乎感觉到他在电话里的声音是发抖的。后来，他特别生气地说：“你怎么不提前和我商量，你找这么多人，我怎么安排？”

当时的我，觉得他太没上进心了，领导好不容易给了他在业务口突破自己的机会，他不拼一把怎么能行？！

但是，现在我完全理解了老同学，他的确从内心深处就不适合做与人打交道的工作。而且，他当时已经在准备考研了，只要做好分内的工作就可以了，不追求风险和耀眼。后来事实证明，他的确有自己的路。现在的他已经通过学习和努力，定居在国外搞研究工作了。

还有一次，我的一个朋友托付我关照他的孩子。我帮他的孩子在另一个朋友那里安置了实习工作。之后，有一次正好经过朋友孩子工作的地方，我就过去看了看他，看到他的领导，也打了招呼。当时，我没觉得有什么不妥，可是后来，这个孩子在公司里被有的人叫作“关系户”，一举一动都被格外关注。一段时间还让这个孩子很难接受和处理，对工作也产生了畏难情绪。

几年前，外地的一个朋友托我帮忙安排个会议场地。我当时让我的助理来办理，他做了一件和我当年一样没有注意到的事情：不懂得先询问关键点再去工作，也不关心对方的意图和目标是什么。

我的助理想的是，帮助找一个不收费的场地，当然是空间越大、容纳人数越多越好。他知道我比较好面子，最后他找了一个很豪华的场地。外地的朋友发现，虽然不用他支付场地费，但根本邀请不到那么多客户来参会，整个会场会显得稀松，氛围尴尬，他不得不重新找场地。后来，我帮他在另一个朋友的一个艺术空间找到了一个上下两层的活动场地，既能提升环境品位，又不至于显得太冷清，这才帮他顺利地完成了任务。

经历了太多事情之后，我终于懂得了，你的出发点是好的，还不足以成事，了解对方怎么想的，才最重要。

如同下面这个故事中所蕴含的道理：

渔夫出海，偶然发现他的船边游动着一条蛇，蛇的嘴里还叼着一只青蛙。渔夫可怜那只青蛙，就俯下身来从蛇口救走了青蛙。但是，渔夫也可怜这条饥饿的蛇，于是找了点儿食物喂蛇，蛇快乐地游走了。

渔夫为自己的善行感到欣慰。时过不久，他突然觉得有东西在撞击他的船。原来，蛇又回来了，且嘴里叼着两只青蛙。

我们用“好意未必有好的效果”的思维来思考的时候，就有机会了解别人。

那么，当别人的意图表现得不明显时，我们怎样才能明白对方的真实意图呢？那就是穿上别人的鞋子，了解对方的处境，知道对方的痛在哪里：对方为什么不能明示？

当对方不能明示，需要你来摸清他的意图的时候，存在两个情况：第一，他要提到的事情对你的利益没有好处；第二，他对自己的情况没有做好梳理。了解到这一点，你的回答就需要理性和谨慎了。

对方的盟友和紧张的关系在哪里？大部分人在商业合作中，都需要更多的盟友，而减少敌人。在这样的情感关系上去思考，你就可能知道对方的意图了。

对方当下要解决的问题是什么？如果你能够跳出对方看问题的局限，站在一个更客观的立场来看，既能知道对方想要的答案是什么，又能用一个超越对方思考的超级答案来回复他。那么，你就得到了无形中具备忠实度的影响力。

除了以上原则，我还提供一个串联对方行为的方法。你用这样的方法，能够得出对方的意图到底是什么的结论。

小李是一家商场某品牌冰箱的销售人员。

一天，商场来了一位打扮很时髦的中年妇人。她说："给我介绍一下冰箱。"

小李说："您想看个什么价位的呢？"

她说："我不在乎价位高低，主要是看性价比。"

于是，小李就把她带到了很贵的原装进口的冰箱前介绍。

可是，顾客边听边拿出手机发信息，心不在焉地听小李说完，然后说："不要这些笨重的大冰箱。"

小李就把她带到一批中档价位的冰箱前，又开始介绍这些冰箱的功能和特点。顾客好像并不满意，她的眼神开始游离……

后来，顾客随意说了一句："我喜欢小巧的东西。"

小李把她带到小冰箱（价位偏低）前，展示小冰箱的功能。显然，这次顾客比较耐心地听完了介绍。

然后，她随意地问：“最近，买冰箱有什么优惠活动？”

小李介绍了几个活动。顾客认真地听完，然后拿走商品的广告页，表示会考虑一下，就翩然离去。

在这个案例中，有心的读者可以通过对这位顾客的语言和行动的描述判断出，这位中年女性也许最在乎的就是冰箱的价格。

无论是因为好面子，还是出于个人习惯，她都没有把内心的真实想法说出来。小李开始问的是对方想要什么价位的，这个问题问得太过直白，顾客不想说：“我就想买便宜的。”所以，她使用了“性价比”这个词。可是，小李居然没有发觉，只是一味地给顾客介绍高中档冰箱。而这个过程中，对方的敷衍、眼神的游离意味着对方已经对高价位的东西不感兴趣了。直到对方不得不说出“小巧”这个词的时候，小李才大致找到了方向。

整体来看，在这个销售过程中，不是小李在引导他人，而是顾客在想尽办法引导小李。

小李没有抓住“价位”这一核心，正确的做法是“看透不说透”。知道对方可能购买能力没有那么强，就没必要带对方看高档价位的冰箱了，应该说：“家用的冰箱，不用买太大，给你介绍一个性价比非常高的冰箱。”在后期，对方问到优惠活动的时候，小李应该使用时间压迫的方法，帮助对方加速做决定。例如，可以说明在多长时间内是可以优惠的，或者说如果今天买冰箱，小李正好有一套公司送的多功能厨房用具，可以附赠给顾客。

为什么小李在开始的时候没有领会顾客的意图呢？因为当局者迷，旁观者清。他接触到这位顾客，发现对方穿着时髦，可能感性上就以为对方有很强的购买能力。而如果采用一种串联对方行为的方法，通过分析对方的言行来判断对方真正的意图，就会客观地把握整件事情。

真诚不能解决所有问题

真诚在人与人的接触中，绝对是非常重要的。

很多人不是缺乏真诚，而是不会表达真诚。比如，当你很重视一个人的时候，只是口头表达真诚，不如驱车千里，与你的助理团队，一群人一起来到他的面前，对他说："此事一定与你合作，我能为你提供的资源有……"

这就为你的真诚增加了感人的力量。

当然，不可否认的是，靠真诚不能解决所有的问题，所以我们才强调高情商的作用。

我的一个朋友在大学期间去独自旅行。

他是一个爱交朋友的人，旅行过程中，他认识了一位成熟的社会人士。他以为遇到了同行者和知音，约对方同行。

经过一座山的时候，对方似乎临时起意，想抢夺我朋友的背包。这件事如果处理不当，很有可能引发不可想象的后果。

对方是一个从力量上看绝对占有优势的人。当时，身单力薄的他根本不是对手。当对方说出了很多威胁的话，并流露出一些抢劫的意图时，他到底该怎么办?

他貌似真诚和憨厚地做了以下回答，用最关键的三个步骤保护了自己。

首先，他明确地告诉对方，自己是穷游。他主动打开自己的包（他知道，自己贵重的物品都放在夹层，对方看到的只有几件旧衣服）。

其次，他说明自己是家里唯一的男孩，考上大学本来就不容易，出来旅游，更不忍心向家里要钱，所以他身上并没有太多钱。

最后，当对方问“你的背包里到底有什么”的时候，他迅速打断对方，说：“大哥，你是个很好的人，你是不是看我背包太破，怕我钱不够，想借给我？我这次出行，已经做了详细的规划。我给自己留了一张回学校的票，而且，我的路线图是固定的。如果我不能准时回去，大家会担心。今天已经是我最后一站了，也许明天，我就能见到我的同学了。我会给他们讲我一路上遇到的好心人的帮助。”

这个危险的人没有说什么，离开的时候，这个朋友分明感觉到自己整个人的力量都在一瞬间被掏空。这个案例让我们看到一个高情商的人，即便在危机时刻，也能迅速用自己的方式脱险。

我们在人生的际遇中，真的不能决定自己将遇到什么样的人，更不能妄图用一种方式——也就是真诚解决所有问题。我们唯一要保持的并不是“以不变应万变”，高情商的人采用的是“以万变应千变”。

商业合作中也是如此。当你遇到不真诚的人时，你的真诚很难得到同等的回应，那么是不是只能“我本将心向明月，奈何明月照沟渠”？如果我们能采取一些措施，对方可能会被我们带入一个有规矩的、好的氛围里。

小吴诚心诚意地谈了一次合作，已经交了全款。可是，对方迟迟不肯发货，甚至过了合同期。小吴催促对方，但是对方以各种借口为由不肯发货。

因为促成合作的时候，对方与小吴有所接触。小吴的忠厚、善良被对方看在眼里，所以对方对小吴的催促没有在意。

几次沟通没有效果，小吴被逼急了，来了一句负气的话：“这批货如果本周发不到，我们就没有库房存放了。我办事不力，接受公司调岗。至于你们，违约了，按合同处理的事情将由其他人接洽。”

没想到，一个星期之内，货物准时送到。

有的事情就是这么奇怪，不是对方不公正，而是你不该给对方不公正的借口。

在这个案例中，可能会有人觉得小吴这一招的成功是个偶然，小吴的做法不够冷静、理性、职业化。

不可否认有以上原因，然而事情成功，最主要的原因在于，小吴歪打正着，切中了对方的要害。

之前的小吴好言好语、真心诚意地请求对方履行合同，但是在对方看来，小吴的好态度是因为小吴有求于自己。而后期小吴成功的原因在于，小吴看到了对方的压力。毕竟在一个合作的关系中，双方都有压力，只是我们总是惦记着自己的压力，忽视了对方的弱点。

当你把自己“安置”好时，对方的压力就随之而来，反而容易协助你把事情做成功。

我们在寻求他人帮助的时候，也不是只靠真诚就能感动对方，要有一定的策略。

我们知道，在一件事情中，关键人物是非常重要的，他能左右事情的动向。我们如何来引导这个人为自己所用呢？

例如，你与老王有一面之缘，你想通过他认识老李。

此时，老王就是一个关键人物。他是否愿意做你的桥梁，是否愿意替你铺路呢？

聪明的人都会投其所好，例如，请老王吃饭，给老王送礼，来谋求老王的帮助。

这样的行为未必有错，设计这条渠道也不可以说不用心。只是，在我看来，你最需要关注的问题是：你是否了解老王的心理？你是否了解他的压力在哪里？

你重视人脉，老王也重视人脉；你不吝惜一顿饭的钱，老王也未必把一次请客吃饭放在心上。

有的事情就是这样——“钱好花，事难办。”通俗来说就是：大部分人都会赚钱，但他们未必都有能力“办成一件棘手的事”；有的钱，你舍得花，对方却未必在乎。

人们不愿轻易做他人的桥梁，除非你能给他们一个强有力的理由！

这里就有一个技巧。你打算如何与老王沟通这件事呢？如果你说：“老王，请你帮忙，让我认识一下老李，他所在的软件公司很不错。”那么，老王和你被捆绑在一起了，他的位置变低了，他和你一起变成了去求老李帮忙的人。

如果你说：“老王，我想和老李认识一下。我的公司正需要他的软件公司那样的合作者，我公司在这方面有强大的优势，我本人也很重视……”

这么说，老王就成了一个能人，一个能够“促成好事”的人，也有可能让双方都感谢的人。

这个案例很简单，只是在一些关键点上，帮助你把握一些和真诚一样重要的朴素的道理。

打断联结，自己控制节奏

美国神经语言创始人之一理查·班德勒有一个经典案例：治疗一位自称是“救世主”的病人。

这位病人说自己是耶稣，他把床单撕破，挂在自己身上，还往身上放了很多奇奇怪怪的东西。

理查的方法是，拿出木匠用的皮带去量这个病人的身长、胳膊，还做上“×”的记号。然后拿起木棍，开始用钉子敲敲打打。

他让对方知道，他的目的是为了钉十字架！

这个病人瞬间就好了，再也不敢说自己是“救世主”了。

在这个案例中，班德勒用了出人意料的方式，完全打断了对方的思路。

日常生活中也同样如此。面对别人糟糕的情绪，或者在身处逆境时，你要使用你的语言打断联结。

马云创办阿里巴巴网站、开拓电子商务应用的时候，困难重重。

后来，阿里巴巴成为全球最大的 B2B 网站之一。阿里巴巴网站的成功，使马云被很多人崇拜，他也被很多人采访过。无论听马云在哪里的谈话，都有一个特点：你会被他的情绪所感染，而你并不会觉得他是一个张狂的人。即使他说一些听起来很“空”的话，你也会觉得“空话”后面，有一颗热的心。不得不说，马云的讲话就是有这样的魅力。

他总是很低调，总是如履薄冰地走在时代的前沿。

关于他，有这样一段视频资料：

1996 年，中央台拍摄的纪录片中，马云在北京推销自己的网络产品，也就是中国黄页。当时，人们并不大了解网络，所以刚开始创业的时候，他就像我们遇到的那些普普通通的业务员一样，也遭到了很多拒绝。

关于这段经历，樊馨蔓女士有过这样一段讲述：我还记得，那一天大家都很累，好像是坐在一辆公交车里，他（马云）那样看着北京街道的灯光，灯光在他的脸上晃过。他说：“再过几年，北京就不会这样对我。再过几年，他们都得知道我是干什么的，我在北京也不会这么落魄。”

看视频的时候，我被打动了。不仅是因为他现在的成功，还因为他当初那种面对挫折的态度。要知道，他的这种态度不仅感染了自己，也会感染周围的人。他总在他人迷茫的时候，给大家注入一管强心剂，他说：“没有什么是最好的，我们来创造什么是最好的！”

我们试想一下，如果当初他面对别人的拒绝，是一种愤怒、哀怨的态度，那么会让别人感觉他太过消极，这种态度或多或少会影响周围人对他的信任。

只有他自信，相信自己是金子，相信自己某一天一定会发光，并且在尴尬的时刻，用有力量的话为自己打气，别人才会相信他也许在某一天会大放异彩。

很多人不相信自己是金子，所以才对自己的外表、谈吐、情绪没有丝毫的控制。这种瞧不起自己的态度，才是对自己最大的伤害。当然，也是对周围那些原本看好你的人最大的伤害。

在我们与他人关系对抗的时候，也许正是我们与自己对抗的时候，而一个人的斗志和决心，是不容打折的。

我们在与他人相处的时候，也要注意减少别人对你的负面影响。比如，有的人和你产生了联结，但是如果他干扰了你的斗志，那么就要懂得止损。

甚至，从一开始就要警惕与这样的人产生联结。人都是渴望保持一致性的，打个不太恰当的比方，逛超市时，你没有认真看价签就买了一样东西。到结账的时候，你发现这件商品的价格远远超出了你预期的消费计划，你是马上说不要了，还是想一想，说服自己买下来？很多人一定是在价格还能承受的范围内，宁愿说服自己买下来，也不轻易说“我不要了”。

就这样，你的购物车上多了一样计划外的东西。

可见人们对自己的行为是渴望保持一致性的，也正如上文所举的例子那样，人们惧怕对自己的否定。

日常生活中，在选择交往的人时，要有自己的判断力。朋友是要与你分享生命的人，你不能因为可以忍受，而把这个人留在自己身边。

如果你说，今天看的电影真棒，他说，有什么好看的；你说你看了本好书，写得很有道理，他说一切都是假的；你说这家餐厅很不错，他说可是价格太不划算……对年轻人来说，这样的人，会给自己在无形中添加很多心理上的压力和负担。有时候，本来是一件很顺利的事情，你突然就感觉有些心烦不想做了，那很有可能是因为你上午的时候本来像一簇小火苗一样有生命力，但是中午被人浇灭了，而产生了不好的情绪。

如果我们身边存在这样的人，那么应该如何打断联结？

最重要的是，我们要知道自己与环境、与他人之间，是有选择的权利的。任何环境中，我们都可以去选择自己的状态。

美国神经与精神病学教授维克多·弗兰克尔出生于奥地利，“二战”时被投入纳粹集中营，他的双亲、哥哥、妻子，不是死在牢营里，就是被送入煤气间。一家人仅剩下他和妹妹存活下来。

纵然如此，他还是凭着坚强的毅力选择好好活下去，他对痛苦与挫折感有特别深刻的体会。他认为无论处境如何，人都有自由选择的权利。

自由选择可以让一个人最大化地发挥自己的作用。当面对的人不够积极时，我们要知道那是对方的行为，我们可以选择更好的方式来应对。

没有最好的环境，只有恰当的处理方式。

我在看《弗兰克尔自传》的时候，由衷地感受到作者是个能够跳出个人情绪，从更加具有高度和冷静的方向上迅速切断不良联结的人。

有一个案例是，作者写到在演讲时，幽默的话语不仅能使整个氛围更轻松，还能在接下来的自由讨论中削弱对手的气势，达到四两拨千斤的效果。

有一次，他做完演讲之后，有观众开始提问。有一个年轻人颇具挑衅地提了一个问题，大体的意思是：像您这么忙碌的教授，每天不是上课就是开讨论会，应该是很不解风情的一个人吧？

面对这么不友好的提问，弗兰克尔镇定地回答："你的话让我想起维也纳一个古老的笑话，有个人碰到一个面包师，在聊天中得知面包师有十个孩子。这个人特别惊奇地问道：'哎，那你到底什么时候烤面包呢？'"

听到这儿，观众都笑了起来。弗兰克尔说："你的问题也是这样。难道你觉得，如果一个人白天忙着学术工作，那他晚上就无法过正常的生活了吗？"这时，观众转而开始笑那个年轻人了。

我们不能决定自己遇到什么样的人、遇到什么样的事，但是我们可以决定以什么样的方式来联结对方。如果找到了好的联结方式，我们锻炼自己成熟和理性思考的能力，就会像锻炼肌肉一样不断加强。久而久之，形成肌肉记忆，很多负面的情绪不但不会感染到我们，我们还会给别人带来力量。

正如每个人的身边都可能有三类人：第一类人是对你心存善意的人，第二类人是根本不关心你的人，第三类人是对你有恶意的人。

如果处理得当，第二类人和第三类人就有可能变成第一类人。

对你有恶意的人常常会在语言上有所挑衅，例如说："你知道

× × 原理吗？真怀疑你大学是怎么毕业的。”“× × 是如此有名的企业家，你居然没有听过他的名字，你真该学习了。”

这些问题以及它们那些数不胜数的变种，根本就不是真的有什么疑问，也并不是真的给出什么建议，或许它们只是为了使你失去平稳的心态而已。

当遇到别人问你这样的问题的时候，如果你愤怒，或者费尽心力去找对方的漏洞进行还击，都有点儿浪费自己宝贵的生命。不如装作没听见，你只管回到你的主题：

对方说：“你知道 × × 原理吗？真怀疑你大学是怎么毕业的。”

你说：“我们刚才商量的方案你准备做什么？”

“× × 是如此有名的企业家，你居然没有听过他的名字，你真该学习了。”

你说：“你觉得他与其他企业家相比，特别之处在哪里？”

当你不给他人向你撕破脸皮的机会，并把这些问题引导到一个好的方向的时候，你会发现你成功地把自己变成了一个有力量、有格局的人。

这样的人很多，我们如果细心观察，就会发现这样一类人：他们没有出众的容貌，也没有高人一等的背景，但是别人就是不敢轻易冒犯他们。

这恰恰是因为他们具备了一种静时如山的气场。这种气场不会随意被任何人破坏，也不会因为某个人一句挑衅的话而被击破，他们把自己的情绪牢牢地控制在自己手中。

正是因为他们的安静，才让他人的攻击显得小气而可笑。

学会套牢：服务之后再服务

在我们接触他人时，往往期待对方是有忠诚度的人。

忠诚，是人们一直渴望得到的。在工作中，你是一位领导，你渴望你的下属能够有忠诚度。这样，你就可以放心地把后背交给对方，从而做出更好的业绩。生活中，你希望你的朋友有忠诚度，这意味着在你最困难的时候，能够找到可以依靠的力量。在事业上，你渴望你的客户有忠诚度，也就是无论你降价还是涨价，客户都能够毫不犹豫地选择你的产品。

当我们需要对方有忠诚度的时候，关键点在于：要让对方感受到自己是高价值的。

对待客户也是这样。考验忠诚度不看你手头有多少客户、你有多强的占有资源的能力，而是要看你的客户支持你的时间是否足够长。客户支持同一个人的时间越长，他们就越不舍得退出。更重要的是，客户在社会上给你的正面宣传是很难得的免费资源。他们不但自己认可你，还会把你推荐给身边的人。

想“套牢”客户的忠诚度，就要服务之后再服务。

给大家讲个小故事：有一个非常勤劳的小男孩，他得到了一份工作——为一户住在别墅的人家修剪草坪。

小男孩做得非常起劲儿，这户人家非常喜欢他。

有一天，女主人接到一个电话。电话里的人说：“你好，请问你们需要修剪草坪的人吗？”

女主人回答：“不需要。”

电话里的人接着问：“你们这里已经有人修剪了，是吗？我向你们推荐的人很专业。”

女主人再次回答：“他做得挺好，我们不需要。”

电话里的人最后又问：“如果我保证价格一定低很多呢？”

女主人平静地说：“不，我们觉得目前一点儿都不需要，给我们修剪草坪的男孩做得非常好，我们愿意支付现在给他的酬金。”

女主人挂断电话后，打电话的人才对自己说：“看来，他们对我很满意，我属于能够把事情做得很好的人。”

原来，这只是小男孩对工作的自我检测。既考核了服务对象的满意度，又建立了其对自己的忠诚度。

对待客户就该如此。

是不是合同一签，你就立即忘记了客户的名字？这样做是非常不理性的。

无论你是在向客户推销大物品、小物品、一个理念，还是一本书，你都需要关注客户后期使用的环节。即使出现问题不需要你解决，只要你愿意关注，客户就对你产生安全感和好感。他们会感觉你还在他们身边，还会履行你的承诺，并且值得信赖！

有一个销售员，工作很勤奋，销售的业绩却不好。我问过他具体的细节。原来，当他拜访客户的时候，总是和客户谈得很好，他的细致、耐心很打动客户。可是过不了多久，需要签合同的时候，总是不顺利，客户会给出很多问题需要他解决。

他渴望签约，于是就不停地给客户解决层出不穷的问题。他非常疲惫，业绩在公司却只能算一般水平。

听了他描述的具体细节，我发现了问题：为什么与客户谈得很好的时候不签约呢？为什么明明没有签约，却要继续满足客户其他的需求呢？为什么客户提需求的时候，他不会合理地拒绝呢？

让我来逐一剖析这些问题。

第一，与客户谈得很好的时候，就应该很自然地让客户签合同。既然带着合同去，客户也是成年人，就应该在销售后期临门一脚的时候顺势而为，让客户立即签约。

第二，客户没有签约，就应该解决客户为什么没有签约的问题，客户其他的问题不属于自己解决的范畴。作为一名销售人员，不必对自己的目的感到不好意思，目标要清晰，手腕要稳、准、狠，让自己拿单。拿提成吃饱饭，才能更好地为客户服务。这不是为自己开脱，而是尊重规律。

第三，这是我尤其要强调的一点。不排除有的客户会在快签合同的时候横生枝节，他们总想再多索取一些服务。毕竟，大部分销售人员在与客户签合同之前是非常热情的，签合同之后态度就立即变化了。客户缺少安全感，导致不能顺利签约。

出现这种情况，一般是销售人员依托的公司还没有足够强大的信誉基础导致的。既然公司不够强大，你就是公司诚信的代言人。展现你不是“一锤子买卖”，而是会持续关注客户的体验，为他服务。如果你能说：“虽然我不属于售后服务部，但是我希望您购买后，我们还能保持联系。”这样说了之后，客户的内心安定了，就有望尽早成交。当然，大部分情况下，大家都很忙，购买后，客户也没心情总惦记着给你打电话。只要你销售的不是假冒伪劣产品，就不必担心这一点。

消除对抗关系里的功利心

当一个人有目的性的时候，容易犯什么错误？

急躁！

我花了很多年的时间才懂得这个道理。很多年前，去见一个非常重要的人物时，我表达了对他的尊敬，并邀请他一起吃饭。我选的是当时一家非常有名的餐厅，价格不菲，足以显示我对他的诚意。

当他答应一起用餐时，我内心的喜悦无法克制。

于是，我精心策划了吃饭时应该如何将话题递进，逐步让他进入我的话题，并对我产生好感，能答应帮我。事实上，那时的我对社会上大部分的应酬和交际都很有把握，自以为自己的经验已经很丰富了。

可是，我发现事情有点儿不对劲儿：我约的人兴致勃勃来赴约，可是过了没多长之间，他好像状态有点儿懒散了，甚至吃饭的时候对我的话题有点儿充耳不闻。这让我心里很是着急，不得不总重复我想请求帮忙的那件事。

一步错，步步错。后来，我约的人拂袖离去，令我非常懊恼。

那一次，莫名其妙地丧失了机会。

我很多年都没有想通这件事，直到有一天我也面对了这种情况。

有个不常联系的朋友要见我。因为以前关系很不错，我就答应见面。

约的地方是茶楼，相当不错的环境令我的心情非常不错。

我们坐下来寒暄一番后，服务员问我们喝什么茶，老朋友的举动让我非常不舒服。

每当要选茶或者是茶点的时候，他就把单子推给我，让我来选择。

每当我选一样，问他是否可以时，他的回答只有两个字："随便。"

不知道当时我的心里是怎么产生了化学反应，我感觉非常糟糕。其实来之前，我就知道他无事不登三宝殿。我之所以愿意来，就是念在我们有多年的交情。我不怕麻烦，只要我有能力帮忙又不为难的情况下，我愿意帮他。

可是，他当时的态度对我是一种信号：他没有丝毫享受多年老友见面的这个过程。他是带着任务来的，他只有自己心里的事，根本不关注我的感受！

猛然间，我就理解了多年前我的那一次失误。

当对方感觉到你把对方当猎物的时候，强对抗的关系便产生了。那时候，你再说什么、做什么都于事无补了。

回顾当初，我选择了那么高档的餐厅，我也自认为自己诚意满满，态度谦卑、恭敬，可那种对菜单毫无兴趣的眼神，无意间还是出卖了自己的急躁和功利。

职场中同样如此。你会和领导一起吃饭吗？领导对你说话的时候，你的眼神游移吗？

小心！如果你不能从内心端正自己的态度，告诉自己一切不要急躁，那么，当你暴露自己的那一刻就是失利之时。

不犯错误是前提，此外，还要学会表达善意。表达善意没有那么难，也并不需要多大的勇气，应该把这种表达看成是一件很自然的事情。

例如，你的同事做了一个项目，为公司创造了巨大的效益。除了领导以外，如果其他同事纷纷私下里表达了对他的赞赏，而只有你不表达出你的善意，对方就会对你有不同的看法。

当然，这也不是教大家去讨好别人。只是，你要知道，你的想法不表达出来，别人真的不知道，因为人们只关心自己，谁也不会猜你的心思。

我常常举这样一个例子：大家坐在办公室里，某个客户走了进来，可以看出客户的心情非常好，你只是坐在工位上，用眼神和客户对接了一下，表达了善意；而你的一个同事与客户交情虽然一般，但是他站了起来，微笑着和客户打了个招呼。

你说自己心里比你的同事更在乎这个客户，客户却并不知道，根据你的反应也不会这么认为。

试想，如果你是客户，看到两个人对你不同的反应，你会觉得谁对你更在乎一些？

与其他人的交往也同样如此。当你想对一个人表达善意或者想让对方回应你的时候，无论是沟通还是写邮件，在介绍自己的过程中，都不要忘记给对方量身定做一些话题。

这当然需要做些功课，而不仅仅是恭喜对方最近获得了某个大家都知道的殊荣就可以了。

在表达的过程中，你可以加一些这样的话，例如："您曾经说过……""在您处于低谷期的时候，您当时……"

提这些的作用就是要让对方知道你不仅仅是为了表达善意，更重要的是，你真的是在关注他。

此外，你的表达中还要凸显自己的价值。别计较对方能为你做什么，而是要说，你觉得自己可以为对方做一些什么。

为对手塑造对手

要请一个人帮忙的时候，我们暂时把对方看作自己的对手。我们如何能打动这个对手，有三种不同的思路。

第一种思路是正面迎合对手。

在《杨澜访谈录》中，杨澜访谈著名主持人蔡康永时，有如下这样一段对话：

杨澜：你最多的时候主持过多少节目？好像我的同事帮你算了，有的时候五个。

蔡康永：我最多的时候很吓人，可能有五个。

杨澜：那个时候是因为想多点儿收入吗？

蔡康永：那时候大概觉得，有的节目来求你的时候，比方说读书节目，他们会说“除了你就没有人能做”。

杨澜：这句话很受用，对不对？

蔡康永：对，你就会立刻被奉承到。觉得，哎呀，那真的不是老子亲自出马不行啊。这是第一个。第二个，你也会觉得，那已经在主持娱乐节目了，你趁机读点儿书不好吗？你就靠做节目逼自己看点儿书吧。虽然纪录片是我的痛处，可是我曾经有一段时间做一个专门介绍好看的纪录片的节目。那时候，我就抱着我起码可以逼自己每个星期看两三部好看的纪录片的心理去做，要不然我根本没机会。

从这段话中，我们能得到很多信息。在这里，我们要提到的一点是：这个睿智的主持人蔡康永，经历过太多“糖衣炮弹”的“洗礼”，但是这种有可能唤起他“个人英雄主义情结”的求助，也就是对方给了他一种感觉，一种“这件事非老子出马不可”的感觉，还是会打动他。当然，还有一点也很关键：接这个节目对他来说，也是有利于个人发展的一件好事情。

所以，不同的人，打动他的地方不同。

例如，有的人非常自我，你找他帮忙，要等到他有一个好的状态时。与他说话的时候，你可以找个位置稍微比他低的地方，一定要让他的视线是往下走的。这种情况下，物理的变化会带来心理的改变。

当你请求别人帮忙的时候，如果没有客观上的某些障碍，想让对方愿意帮你，你就该考虑，说什么、做什么能够在请求一个人帮助的时候，触碰到对方心底的某一根微妙的弦。

第二种思路是给对手提供价值。

在你要求别人帮助你时，还要让对方感觉到，能帮你会让他变得更好。

例如，当你想推广一个活动的时候，需要一些名人的“吆喝”和帮助，那么最主要的那个名人，你就要采取上文提到的那一招。要让对方感觉到这个活动最需要他这样“形象健康，关注环保”等条件的明星来推荐。

后来，你发现这个活动支持的人越多越好，仅仅一个人的帮助是不够的，你还想找别的人帮忙时，你要学会盘活你的资源。你不能给对方最重要的位置后，再说“最需要您的帮助”，这就显得非常虚伪了。

一味地说你的活动有多好是无意义的，因为对方不关心你的活动有多好，他关心的一定是：“这和我有什么关系？”

开发这类人脉的关键在于，你可以创造出一种潮流——把你的这个活动变成一种很多人都在关注的潮流。

这样一来，你再去找其他人参与的时候，就可以介绍这次活动是一种潮流，由谁主导、哪些名人参加、大家都会如何推广这次活动……切记：对方不关心你的活动看起来有多好，他关心的是，这个活动和他有什么关系。

第三种思路比较特别——为对手提供对手。

有一个历史小故事：东周为了发展农业，提高农作物的产量，准备改种水稻。西周在高处掌握着水资源，知道东周改种水稻的消息，坚持不给东周放水。

东周非常着急，于是在国内放出话来，谁能去说服西周放水，国家将给予重奖。

有人自告奋勇去说服西周。他到了之后，就对西周人说："我听说你们不给东周放水，这个决定可不高明啊。"西周人问："怎么不高明呢？"

他说："你们不给东周放水，他们就没有办法种水稻了，只能改种小麦。这样，他们就再也不用求你们了，你们和东周打交道也就没有主动权了。"

西周人问："先生，以你的意见怎么办好呢？"

他说："要听我的意见，你们就给东周放水，让他们顺利地种植水稻。种植水稻常年都需要水，这样，东周的经济命脉就掌握在你们手里了。你们一断水他们就完蛋，他们时刻都得仰仗你们、巴结你们。"

西周人听了觉得有道理，不仅同意给东周放水，还重重奖赏了说客。

这个例子很有意思，凭空把“小麦”塑造成“水稻”的“对手”，给说客创造了改变整个事情发展方向的机会。

我们现代的商业活动也是如此。当一个人知道他在你心中是最优选择的时候，容易产生两种截然不同的态度：有的人会格外珍惜，但不排除有的人会看轻你。

比如，我在做一个项目时，邀请一位重要的企业家参加，希望得到他的大力支持。本来，我的同事们都采取了以上介绍的两种方式：正面迎合和提供价值。

但是，这位企业家的积极性并不高。所以，在这样的关系里，必须引入另外一种力量。于是，我以介绍过往项目的流程方案的方式，向他介绍了一位与他同量级的企业家是如何支持和操作项目的。

就这样，为他树立了一个对手之后，他的态度变得谦虚了，还当场给了很多资源上实实在在的支持。

多线并进才是高情商

很多人都在问我同样一个问题：到底怎么做，才能运用高情商，搞定我想搞定的人?

每一个提出这个问题的人，背后都有非常强烈的焦虑和紧张感。我可以从自己的角度给一些方法，但是我认为他们提出这个问题，是因为他们不能与巨大的不确定共处。要让自己不要怕!《反脆弱》这本书给了我们很深的思考：任何有生命的物体在一定程度上都具有反脆弱性，定期给骨骼施以一定的压力则有助于骨密度值上升；汽车长期磨损必将坏掉，因为机械设备不具有进化和自我修复的能力。

以上，给我们一个很好的启发：人是具备调整能力的。反脆弱的态度也是人际交往中必要的心理准备，人与洗衣机的巨大不同在于：我们有调整自己、自我修复的能力。

即便搞不定某个人，你的生活依然会继续，你的生活并不会发生不可逆转的局面。拥有反脆弱的能力，即便有所“失去”，也能让你更好地调整自己，便于下一次做出正确的判断，以增加成功的概率。

以上是重要的心理准备，这本身就是一种高情商。

从战略上不把对方看得那么重，并不意味着战术上小看对方。

在实际工作中，二八法则的确发挥着不容小觑的威力。人生中，创造 80% 价值的东西，来自你 20% 的关键努力。所以，我们搞定一个重要的人是需要策略和步骤的。

第一，高情商的人，会让自己生活中拥有更多的选择权。

我们求别人帮忙，要准备可能会帮到我们的人物名单。

陈先生创业之初，亲自做市场开拓。对一家新公司来说，要做好渠道并不容易，但是那时候的他，没有卑微和示弱。

我在接触他的时候，发现他有一种可贵的不卑不亢的姿态。我明明知道他所处的时期，应该急于开拓，但是和他接触的时候，我感受不到他的刻意讨好，也感受不到他的急迫。

他自如的气质，来源于他的思考和准备：他思考什么是创业，在创业的过程中，他自己可以做什么、可以忍受什么；他的准备是他知道他要去“求人”。所以，他准备了很长的可求助名单。

他很真实地提到了自己的想法，他去求别人的时候，总是告诉自己："挺直腰，不必慌，因为我是来寻求帮助的，去求取认同和机会，但是，我可以求的人很多！"这就是底气。

所以，真正情商高的人知道，过于紧张必然引发自乱阵脚，准备足够多的客户名单，会让你在有了足够的底气后从容地应对所有人，真正把事情做对。

第二，高情商的人，会用两条线，三条线……多线维护联系。

很多人提到：到底要不要和工作对象做朋友？大部分人不建议这样，因为有可能丢了朋友，也丢了生意。

但是在我看来，首先，没必要刻意和工作对象成为朋友，但是要注意营造一种朋友式的感觉，让对方对你有一些必要的了解和信任的感觉。

其次，随着在工作中共同克服难题，有的人不知不觉间成了朋友。没必要太刻意地排斥这种朋友式的关系，尤其是超过十年以上的合作伙伴。有了不错的朋友关系之后，彼此会有一些朋友间的关照，更没有必要将此庸俗化了。

最后，我想说的比较关键的一点是，和一个人最好的沟通方式就是多线维护。

我会和一些朋友合作。和朋友合作，我从来没有丢了生意、丢了朋友。我坚持的最重要的原则是：在经济利益上，我给对方很多；在情感交互上，我坚持自己情感上的真实。

也就是说，我用了情感和经济两条线索“捆绑”了对方：对方既能够感受到一个真实的人，又能得到不错的利益。这样的关系的稳固性，就比很多人总是要求对方降价、总是要求对方让步、总是要求对方牺牲，最后总结一句“因为我们是朋友”，要可靠得多。

高情商的人知道在与人沟通和交际的过程中，只用一种方式打动别人是危险的。只有当你有足够多的思路和方式的时候，才能够达到想要的效果。

第三，高情商的人知道，你能影响到对方的也许仅仅是十分之一。

我很喜欢一个成语叫作“狮子搏兔，亦用全力”，很多人用它来比喻一个人做事的时候展示出来的匠人精神。

我一个从事销售的朋友得到一个消息：有一笔业务，如果他出马，就等于他一个王牌销售，要去拿一个几乎不可能拿下的单子。重要的是，这笔业务对他来说，也并没有到非做不可的程度。但是，他就是那种握紧了拳头，自己都抽不了身的人。

他从跟单、控单、签单，花了一个月的时间，终于成功了。在这个过程中，他稳扎稳打。他知道自己去说服客户给个机会，不管自己说得有多好，客户都有自己的选择习惯，是不会轻易给他机会的。所以，他知道他要说服的不是客户一个人，而是围绕着客户周围，与这次合作有关的所有人。

所以，真正的高情商不但是会说话，而且是一种为人处世的策略，也是一种站在对方角度思考对方需求和行为习惯的职业精神和共情能力。

影响他人的正确姿势

我们在生活中能够观察到：有的人与他人发生很小的矛盾，但是最后会演变成激烈的争执；也有的人在巨大的矛盾面前，能够弥合分歧，把巨大的难题变成小问题，把小问题变成没有问题。

更有意思的是，很多人的争吵本来可以不发生，只是不正确的处理方式把两个人之间的争执激化成了非此即彼的胜利。

我们在与别人发生矛盾的时候，到底该如何沟通，才能消除矛盾，并能产生良好的影响？

在《高情商聊天术》这本书里，我提供了大量语言策略。比如，将劣势说成优势，请一位知名人士来参加大学生组织的活动。既没有物质利益，也没有名人资源可以提供，你怎么去描述和打动对方？你可以重新定义暂时没有钱和权利的大学生群体，你可以说“您参加这样的活动，影响的是在未来有影响力的人”。

除了重新定义的策略之外，高情商的沟通，还意味着一种对人心理的把控：

第一，你要将自己抽离出说服者的角色，并把对方的负面信息涵盖住。

当你与对方有矛盾的时候，你很难站在对方的角度来思考问题。换位思考虽然难，但是做到这一点并不是没有办法，因为对方的行为可能会伤及你的利益、你的面子。

第一步要从敌对的场景中抽离出来，把“我”放下。你要知道，对方对你态度不好，并不是对方对你人格的攻击，有可能只是你的社会职位、你的社会角色给对方造成了障碍。也就是说，别把对方的行为看成是针对你！

当一个人对你没有恶意，却真冲着你发脾气的时候，你要做的第一个动作是将挨骂的这个行为与自己的人格相脱离。要知道，他只是在对产品表示不满，或者这个可怜的人已经在哪里受了一肚子气无处释放，只能在你这里表示他的委屈与愤怒……

你需要保持平静，然后脑袋里想着你该想的事。听他说完这件事情，与他相安无事后该干吗干吗。

比如，当你发现客户有情绪、想吵架或者指责你的时候，不要总是去说这样的话：“你先冷静，听我说……”因为他在愤怒的时候，是不可能听你说什么的，他可能会粗暴地打断你：“如果是你，你能冷静吗？”

所以，先迎合情绪，再治理情绪。

在商业上，个人情感的输赢没有实质意义。你和客户所追求的是在双方利益均实现的基础上取得双赢的局面。你可以尝试用一句话来减弱对方的负面情绪，阻止他层出不穷的抱怨，因为对方无休止的抱怨也有可能导致他自己的怨气越来越重，直到不可收场。

你只需要表示：“我能理解您的感受，换作是我，我也生气。您具体和我说一下情况吧……”

客户的情绪得到了安抚，自然就能冷静。而且，你让对方去描述具体情况的时候，对方就由感性转为理性。当一个人开始采取理性表述的时候，他的情绪也会随之平复。

第二，改变短期行为，可以靠当下利益来诱导对方。

《蜥蜴脑法则》这本书讲了一个案例，邻居家养了一条狗拴在你的卧室旁边，吵得你睡不着觉。你不想去争论，也不想委曲求全，你可以这样对邻居说：“我一回家呢，狗就会叫，这样您也分不清是不是真有强盗来了。为了您的安全，您还是把狗牵到另一边去，这样才能真正防贼。”

你看你的出发点是为了邻居的安全着想，正是满足了邻居对安全感的需求，所以即使明白你的用意，他也会照做吧。

我们从这个案例中可以学到的是，改变一个短期的行为，靠的是当下立即就能满足的利益。

比如，一个餐厅里出现了一群跑来跑去的孩子。

一个新手服务生可能会上前制止，对孩子的父母说："请您管好自己的孩子，不要影响别人就餐。"

想想看，这样的说法会让孩子的父母多么没面子，多引发多少矛盾，会真正地让对方按照你说的做吗？

如果真正领会了《蜥蜴脑法则》的上述说服技巧，我们就可以采取这样的行为，告诉对方："请您让孩子回到座位上，因为我们上菜的过程中有热汤，别不小心撞到了孩子们。"

想想看，这样说，孩子的家长会愤而和你理论和争执吗？

第三，当你需要长期影响对方的时候，必须用行为影响行为。

行为的力量如果能够使用得当，会让很多事情有意想不到的效果。

从短期的改变来看，行为是有很强作用的。比如，当你和一个人为了一些不明所以的小矛盾争执后，如果矛盾解除，情感冲突缓解，有些象征的体态和语言往往会起到意想不到的、使局面发生逆转的作用，如与对方握手等。

从长期的改变来看，更需要行为的力量。

你想改变对方的观念，再去引导对方的行为，有时候不如直接改变对方的行为，再去改变对方的观念。

比如，一位妈妈每天都带着孩子去一家有冰激凌的店，然后再苦口婆心地告诉孩子，总吃甜食对牙齿不好。

她这样做不如改变路线，让孩子少去冰激凌店，再通过说服、教育，让孩子明白甜食过量的危害。

再比如，你所开的餐厅，室内装潢很高雅，你所服务的是写字楼的职场人。如果你的竞争对手在用餐环境上不具备竞争力，但是他把餐厅开到了离写字楼最近的位置。那么，想想看，谁更能够满足对就餐时间有要求的白领群体？

所以，当我们想办法去长期影响对方的时候，高情商的沟通力还意味着一种行为上的策略和改变。

心境和顺，事态和顺

生活中，我们常常看到人们争执对错，如果双方都认为“是对方的错”，那么结果会如何呢？结果是要自己去承担对方的错。

所以，很多时候，问题不是来自外面，而是来自自己内心对事物的看法。

你看事情像什么，事情就会是什么。

我有一个朋友，开了一家公司，事业蒸蒸日上。做生意，什么类型的人和事都会遇到，所以不免要辨认虚假。朋友总是能以和顺、冷静的态度，让所有的客户信服。

当朋友想要订购一批产品的时候，供货商信誓旦旦地告诉朋友，已经有好几家的报价很高了。当接收到这样的信息时，朋友的员工情绪都比较复杂，他们都认为供货商在撒谎，而且虚抬报价，没有合作的诚意。

朋友是那种大智若愚的人，他对于价格的虚实当然有自己的判断，他对接这项业务的几个下属是这样说的："根据我的私人关系，有人向我报密，的确有公司出了这样的报价。但是别人疯狂，我们不一定要跟着疯狂。你们还是展示我们的诚意和优势，去进行谈判。我给你们一条我的底线，你们去布局，尽力促成这次合作。"

几个年轻人听了之后，斗志昂扬，他们感觉自己的责任重了。几个人就开始组织方案，准备和供货商进行谈判了。

最后，他们很顺利地以超低的价格拿到了产品，而且低于朋友心理底线一大截。

我问朋友："你告诉员工有人出这么高的竞价，如果他们一开始就亮出底线，来和对方抗衡，成本不就高了许多？"

朋友的回答饱含智慧，他说："做生意这么多年，我越来越明白，谎言到处都有，重要的是面对谎言的态度。像我的这几个下属，当他们一听到报价的时候，就开始恼火，这种态度是个很大的问题。这群年轻人是不擅长掩饰的，万一他们觉得对方欺骗自己，以后合作的过程中，带着这样的情绪，会影响合作。所以，我告诉他们这是真的，对方没有恶意去欺骗。当然，我给出了一条报价的底线，底线以上是他们的利润空间。他们如果直接亮底牌，忽视了利润空间，自己的利益就会受到损害，所以他们一定会争取。这也告诉他们，老板的信息未必是准确的，要有智慧独立面对变化。”

这件事情对我的触动很大。朋友的事业做得这么好，窍门在于在真假中坚持一种简单的原则：用变化应对变化，以理性处理问题，以感性理解他人。

当我们多使用冷静、和顺的语言时，很多矛盾就没有了。

单位新来了一个实习生小宇。小宇第一次参加工作，很紧张。在工作流程方面，小宇不得其法，在大错小错不断的日子里，小宇最怕的事就是领导找谈话。

一天早上上班的时候，一个老同事李哥说：“小宇胆子太小了，等他来了，我吓唬吓唬他，让他接受一下锻炼。”

刚说完，小宇就走进来了。李哥故意板着脸说：“小宇，陈主管找你呢。”

这时，正巧电话铃响了，李哥就去接电话。

刚才还一脸笑意的小宇立刻神色慌张起来，他放下包，急匆匆地跑向陈主管的办公室。

等接完电话，李哥有点儿后悔恶作剧搞大了。

陈主管看到小宇急匆匆地冲进来，也很奇怪。

小宇说：“李哥说您找我有事。”

陈主管一顿，随即明白了这只是一个恶作剧，便笑着说：“小宇，你进入公司以来工作很努力。虽然有些小错误，但是工作中出现错误不可怕，这证明你一直在做事、一直在学习。你可以做一份工作笔记，多记录、多总结、多思考，就会有所改善了。”

小宇听后，很高兴地回来了。

看着小宇若无其事的样子，李哥尴尬的脸色缓和了下来。

此后，小宇开始动手做工作笔记，成长的速度真的快了很多。

这件事情，让我们看到了陈主管高人一等的做法。想想看，如果陈主管看到冲进来的小宇，说：“我没有找你。”或者批评一下李哥恶作剧的行为。这样的做法，有什么样的后果呢？可能会造成小宇更紧张、更胆小，也会让李哥显得很恶劣，大家都非常尴尬。

陈主管明白了怎么回事之后，没有否认，而是顺应了事态，还正好借这个时机激励了小宇，帮助维护了同事间关系的和谐。这也证明了陈主管做事的水准，能够在每一个细节上带领大家营造办公室的和顺之境。

这就是不同的方法带来的不同结果，也体现了不同的人在思维上的差距。

越是有能量的人，为人处世的时候越和顺。

一个朋友的公司在招聘软件工程师。来了一个应聘者，技术方面令大家很满意，可是就在面试的时候，让朋友非常不舒服，坚决对这个求职者投了反对票。

朋友问面试者：“你大学学的是计算机吗？”

他说：“不是，我不靠大学里学的知识做项目。”

朋友接着说：“那你就是自学这门技术的，是吗？”

他说：“不是，我学的东西是经过有关部门考核的。”

朋友有点儿错愕，想结束这个话题，就说：“你大部分知识靠自己摸索，后来通过了软件工程师认证，是这样的吗？”

他说：“不是，不能说全是靠自己摸索，我也向很多计算机人才学习过。知识的构成是多元的，我认为自己既有计算机专业学生的知识量，同时又具备很好的实战经验。”

朋友说：“那交给你一份开发的任务，你应该可以独当一面吧？”

他说：“也不能这样说，开发过程中会遇到很多问题，不能单靠我一个人……”

当朋友的判断一再被否定的时候，他已经对眼前的求职者无话可说了。为了公司的名誉，朋友压抑了要把眼前这个人教训一番的冲动，平静地告诉他：“面试结束，感谢您来应聘，请回去等消息。”然后，果断地放弃了这名求职者。

在朋友看来，不论别人说什么，他都说“不”，这样的人是在怕别人给他定义。但他又不能很好地概括自己的能力。否定太多，只能证明此人内心虚弱、不堪一击。

我给大家推荐两种语言模式，大家一起进入和顺之境。

少用“但是”，多用“当然”。

一个简单的词背后蕴含着一种和谐的说话态度。

总说“但是”，试图转变别人思路的人，不是说话高手。一个懂得接纳他人的人，才能说出如沐春风而又令人振聋发聩的话。有时候，说服一个人并不难，就看你的态度是“转折式”还是“承接式”。如果你否定一个人的全盘思想，即使你再正确，他也会排斥。但是，如果你能够认可其中的合理性，再诱导一件事情往正确的方向走，一切就会顺理成章。

陈经理开了一家小公司，发展得很不错，新增的生意和项目很多。可是运营了不久，陈经理发现了问题——公司现金流断了。

这让陈经理很紧张，他打算精简成本，初步的计划是降低 50% 的费用。对于一个正在运转的公司来说，这是很难的。怎么做才能在不影响自己威信的基础上实施计划呢？陈经理在犹豫。

在陈经理还没有做好计划的时候，就有人开始在公司里传言，说由于公司的运营成本过高，老总考虑要裁员 50% 以渡过难关，裁员的名单正在草拟中。

这个消息不胫而走，于是大家发现，本来一个很积极向上的创业公司的氛围变了。很多人开始悄悄地做准备，比如刻意表现自己，或者找领导谈心。还有人开始谋划着找新的工作……公司的氛围非常不妙。

一看这种氛围，陈经理果断制定了新的制度。并且，他立即紧急召开集体会议，澄清这件事。开会的时候，他说："最近，公司有人说我要裁员 50%，这完全是无稽之谈。我们是一家正规的公司，各位都是陪着公司发展壮大的人。一般情况下，我不会轻易裁员。"

大家听了，还是有些不相信，还有人心想：一会儿，陈经理就该说"但是"了。

陈经理接着说："当然，我们的发展确实遇到了一些问题。如果我们不控制自己的费用，发展就会异常艰难。一个月后将会出台新的制度，大家要严格执行。"

听完这些话，所有人都感觉非常放心，公司的发展重新回到了正常的轨道上。

也许大家觉得这个话术的案例太简单，实际上这非常耐人寻味。

我们说话的时候，总使用"但是"这个转折词会让人感觉很捉摸不定、不靠谱，而如果用"当然"这个词，起到的衔接作用就很自然。它的妙处在于过渡自然，让你和听话的人的利益点仿佛被拉到了同一个圈子里。

先说“好”，再说“如果”。

沟通不同于演讲，它更像是打乒乓球。

人们的期待还是你先说一两句，我再说一两句，然后你再说……谁也不会独自占用整个对话时间。这就是一个愉快的打乒乓球的过程，问一句，回答一句，然后再问、再答。整个说话的节奏非常好。

很多人提倡，我们在和人沟通时，遇到自己不能接受的时候，直接说“不”。

这从理念上来说，当然有合理性，但从实际操作上来说，很多人做不到。因为直接用“不”来拒绝别人，就等于你任由对方的球落到地上。

如果你直接对领导说“不”，我想这也不是一个高情商的下属会采用的做法。

所以，我建议，先说“好”，再说“另外”。

你的领导对你说：“组建一个新的团队，把公司这块新的业务做起来。”

你内心判断，这件事情不太靠谱。那么，你可以说：“好的。另外，因为我对这块业务不熟悉，可否请您调派某个部门的同事进行支援？在技术层面上，我们也需要一个引导……”

当你的需求提出来时，你的领导也许会觉得你在推辞，也许会觉得你只是想实干，但重要的是——你没有拒绝，你只是提了需求而已。

图书在版编目（CIP）数据

高情商交际学 / 张超著 . —北京：中国友谊出版公司，2018.9

ISBN 978-7-5057-4492-9

Ⅰ . ①高… Ⅱ . ①张… Ⅲ . ①心理交往—通俗读物 Ⅳ . ① C912.11-49

中国版本图书馆 CIP 数据核字（2018）第 205539 号

书名	高情商交际学
作者	张 超
出版	中国友谊出版公司
发行	中国友谊出版公司
经销	新华书店
印刷	河北鹏润印刷有限公司
规格	880 × 1230 毫米 32 开 7 印张 160 千字
版次	2018 年 10 月第 1 版
印次	2018 年 10 月第 1 次印刷
书号	ISBN 978-7-5057-4492-9
定价	42.00 元
地址	北京市朝阳区西坝河南里 17 号楼
邮编	100028
电话	（010）64668676

如发现图书质量问题，可联系调换。质量投诉电话：010-82069336